Editorial

Liebe Pferdefreunde,

Foto: privat

welchen Einfluss die derzeitigen Ereignisse – ob Krieg, Inflation oder Energiekrise – auf uns und die Pferde haben können, merkt man gerade überall. Hat man ein Pferd, hat man die Verantwortung für das Tier in jeder Lebenslage übernommen. Immer öfter höre ich von Pferdebesitzern: „Wie soll ich mir mein Pferd noch leisten?" Dabei sollte doch schon beim Kauf eines Pferdes klar sein, dass das keine Anschaffung für ein paar Jahre ist, sondern ein Freund fürs (Pferde-)Leben. Und Fakt ist, dass Pferde alt werden können. In der heutigen Zeit sind Pferde mit mehr als 25 Jahren keine Seltenheit mehr, sondern eher die Regel. Ein Appell der Natural-Horse-Redaktion: Wer sich ein oder mehrere Pferde zulegt, sollte gut überlegen, ob er sich das Hobby oder die Lebensgemeinschaft auch noch in einigen Jahren leisten kann. Oder man überlegt sich einen Plan B, wie ein zweites (Berufs-)Standbein, das mitunter auch mit Pferden zu tun haben kann.

Pferde sind kommunikative Tiere. Untereinander ohnehin, mit dem Menschen müssen sie sich die Sprache erst erarbeiten. Besser gesagt – wir sollten die Pferdesprache lernen. Dazu hat Arien Aguilar über die intuitive Kommunikation geschrieben, die subtil ist und von jedem angewendet werden kann. Wenn wir die Pferdesprache richtig interpretieren, haben wir nicht nur einen Pferdepartner, der sich auf uns verlassen kann, sondern auch ein motiviertes Tier, das uns gern zur Seite steht – auch als Krafttier und Energiewesen. Dabei kann es auch von der Energie des Menschen beeinflusst werden und uns dabei coachen – darüber schreibt Alexandra Rieger. Inwieweit wir diese Beeinflussung zulassen, darüber sollten wir reflektieren. Denn auch Angst und Stress werden gespiegelt. Und ein ängstliches Pferd ist nie ein guter Freizeitpartner. Aber Verhaltensauffälligkeiten können auch vom Equipment abhängen. Wie weit ein schlechter Sattel beeinflussen kann und wie sich die daraus ergebenden Symptome auswirken, erklärt Jochen Schleese. Silja Schießwohl, eine junge Trainerin, achtet in ihrem Unterricht sehr darauf, dass Pferd und Mensch ausbalanciert sind – von der Schulter bis zur Fußspitze. Damit die Leser sich Stück für Stück an eine Harmonie mit dem Pferd herantasten können, hat sie über Regeln geschrieben, die man nachvollziehbar befolgen kann. Und sie hat ausführlicher ein Buch verfasst, in das wir einen kurzen Einblick geben. Susan Bär hat sich der Wundversorgung verschrieben (ein wichtiges Thema für jeden Pferdebesitzer). Kirsten Fleiser hat in unserem Paddocktalk mit Horst Becker über eine seiner Trainingseinstellungen und eine weitere Trainingsmöglichkeit, bei der der Pferdekörper geschmeidig und gesund trainiert wird, gesprochen – die Cavalettiarbeit.

Die Jahreszeiten haben von Sommer auf Herbst und jetzt Winteranfang gewechselt und wir haben unsere Kurzarm-Shirts gegen Pullover ausgetauscht. Die Feuchtigkeit hält Einzug. Ein Umstand, der für manche Pferde oft mit Schmerzen verbunden sein kann – vor allem für Arthrosepferde sind die Jahreszeiten von Herbst auf Winter und der Winter an sich problematisch. Arthrose ist eine degenerative, oft auch altersbedingte Erkrankung. Tina Wassing, ihres Zeichens Tierärztin, klärt über Arthrose im Allgemeinen auf. Dr. Christina Fritz gibt Tipps, wie man Arthrose – auch über das Futter – gut managen kann. Und Alexandra Schmid beschäftigt sich mit sanfter Bewegung für Arthrosepferde. Denn Bewegung ist generell wichtig. Man muss nur wissen, welche einem Arthrosepferd guttut. Dann hat man einen wertvollen Freizeitpartner.

Wie jedes Jahr gibt es auch dieses Jahr eine Weihnachtsverlosung für unsere treuen Leser mit Geschenken für Pferd und Mensch und einer kleinen Überraschung fürs nächste Jahr. Ab 2023 erscheint die Natural Horse (auf Wunsch der Leser) sechs Mal im Jahr anstatt wie bisher vier Mal, plus einer Sonderausgabe, also fünf Mal.

Pferde sind unser Herzblut und deshalb versuchen wir, ehrlich aufzuklären. Was ein Leser aus diesen Informationen herausliest und inwieweit er sie anwenden kann und will, bleibt ihm überlassen. Aber als oberstes Gebot der Natural Horse gilt immer das Wohl der Pferde. Dafür kämpfen wir und setzen uns ein – für einen achtsamen Umgang mit unseren heiß geliebten Pferden.

Mit pferdisch-empathischen Grüßen

Eure Martina Kiss

PS: Wir freuen uns immer über Kritik und Zuschriften als Feedback auf Natural Horse (redaktion@naturalhorse.de)!

Inhalt

04 Mit intuitiver Kommunikation

48 Goldene Regeln für faires Reiten

Foto: Miriam Balija

Foto: Tanja Riedinger

Foto: Christiane Slawik

Foto: Heel GmbH

Mit intuitiver Kommunikation
zur Verbundenheit mit dem Pferd

von Arien Aguilar

Foto: Tanja Riedinger

So viele Theorien und ausgefallene neue Begriffe scheinen uns auf die Idee zu bringen, dass wir irgendeine komplizierte Technik lernen müssen, um mit unseren Pferden kommunizieren zu können. Dabei ist Kommunikation doch eigentlich sowohl Menschen als auch Pferden in die Wiege gelegt. Wenn ein Baby anfängt zu sprechen, denkt es nicht über die richtige Technik nach, sondern versucht nur, mitzusprechen und am Gespräch teilzunehmen – und plappert drauflos. Wenn also unser Pferd auf uns zukommt und eindeutig etwas von uns will, sollte der erste Gedanke, der uns kommt, nicht sein: „Wie verhalte ich mich richtig?" Vielmehr sollten wir uns manchmal erlauben, ganz natürlich zu reagieren.

Meiner Meinung nach sind die Grundlagen der Kommunikation mit Pferden etwas, das wir tatsächlich vermenschlichen können, weil die Grundregeln der Kommunikation universell zu sein scheinen – zumindest in einem großen Ausmaß. Wenn wir ein Gespräch von außen beobachten, hat es eine ganz einfache Struktur:

1. *Eröffnung* = Begrüßung oder Frage
2. *Verlauf* = Informationsaustausch
3. *Abschluss* = Beendigung

Die Eröffnung des Gesprächs

Lassen Sie uns das Folgende annehmen: Ein Pferd und ein Mensch befinden sich in einem leeren Raum. Sie stehen nur da, sie agieren nicht und reagieren auch nicht aufeinander. Plötzlich bemerkt einer die Anwesenheit des anderen und will etwas von ihm. Er nähert sich – entweder mit einem Kommentar, einer Bemerkung oder einer Frage. Die Konversation wurde eröffnet.

Die häufigste Art, wie der Mensch ein Gespräch mit dem Pferd eröffnet, ist, nach einer Lektion oder Übung zu fragen. Wir gehen auf das Pferd zu, meistens während wir ein Kommando oder ein Signal geben, auf das das Pferd reagieren soll. Die gängige Art, wie ein Pferd ein Gespräch eröffnet, ist dagegen, sich zu nähern: Es kommt zu uns, schaut uns an oder berührt uns. Offensichtlich will das Pferd etwas, aber was genau?

In der menschlichen Welt gibt es einige unausgesprochene, jedoch feste Kommunikationsregeln.

Wenn zum Beispiel jemand „Hallo" sagt, wird erwartet, dass der andere mit „Hallo" oder einer anderen Begrüßungsformel antwortet. Wenn jemand fragt: „Wie geht es dir?", rechnet man damit, dass „Gut, danke, und wie geht es dir?" oder etwas Ähnliches erwidert wird. Dann entgegnet der andere etwas wie: „Mir geht es auch gut."

Nun ist das eine sehr formelhafte Art zu kommunizieren – man wird sich darüber schnell klar, wenn man einmal darüber nachdenkt. Dennoch tappe ich selbst oft in die Falle, dieser leeren und manchmal sogar falschen, weil unehrlichen Art der Kommunikation zu folgen. Hauptsächlich wohl, weil es den Gesprächspartner aufregt, erschreckt oder verwirrt, wenn man etwas sagt, was die ungeschriebenen sozialen Gepflogenheiten nicht vorsehen.

Beobachten Sie einmal die Gesichter der Menschen, wenn Sie auf die Frage „Wie geht es Ihnen?" mit „Mein Tag läuft heute eher schlecht" antworten. Sie machen sich dann fast übertrieben Sorgen, wahrscheinlich, weil sie so schockiert über die Antwort sind, mit der sie nicht gerechnet haben.

Nun ist es nichts Schlimmes, einen schlechten Tag zu haben. Es passiert einfach und öfter, als die meisten es zugeben. Und doch, wenn sie diese Tatsache zugeben, anstatt

Die Eröffnung einer Kommunikation kann ein einfaches Aufeinanderzugehen sein.
Foto: Tanja Riedinger

floskel- beziehungsweise roboterhaft mit „Mir geht es gut" zu antworten, holen sie den Zuhörer aus seiner Komfortzone – eben weil wir diese falsche Positivität meistens unbewusst erwarten oder zumindest oft, ohne viel darüber nachzudenken.

Ich glaube nicht, dass ein Pferd diese Erwartung hat, wenn es zum Menschen kommt und ein Gespräch eröffnet. Ich denke, das Pferd möchte wirklich wissen, was die Antwort des Menschen ist, und erwartet nicht bloß eine automatisch voreingestellte Antwort.

In unserer menschlichen Gesellschaft sorgt dieser Sprachautomatismus dafür, dass wir Schwierigkeiten haben, ein Gespräch fließen zu lassen. Zwei Menschen, die sich irgendwo treffen, sagen selten, was sie wirklich sagen wollen. Sie sprechen kaum etwas Bedeutsames oder Tiefgehendes an. Es braucht einige Zeit – etwa, wenn wir mit Freunden oder zumindest Bekannten am Lagerfeuer sitzen –, bis ein Gespräch beginnt, einen natürlichen Fluss zu entwickeln und eine tiefer gehende Richtung einzuschlagen. Menschen sind unterschiedlich, und manche brauchen länger als andere, um sich für echte Gespräche zu öffnen. Worauf ich hinauswill: Pferde sind darin besser als wir und dass hier der Grund liegt, warum viele von uns Probleme haben, sich zu erlauben, dem Pferd ganz natürlich und selbstverständlich zu antworten. Hier liegt meiner Meinung nach der Grund, warum so viele nach Hilfe suchen, besser mit Pferden zu kommunizieren.

Kommunikation – mehr als das Teilen von Information

Wenn das Pferd auf uns zugekommen ist und etwas will, müssen wir zunächst herausfinden, was es will, um das Gespräch fortzusetzen. Denken Sie daran, dass die Kommunikation in diesem Fall nicht nur das Teilen von Information ist. Sie besteht vielmehr darin, gemeinsam die Bedeutung herauszufinden, die von verschiedenen Gesten, Wörtern oder Markern transportiert wird. Oder, wenn wir ganz von vorn beginnen, bedeutet Kommunikation, Bedeutung zu erfinden und sie dem zu verleihen, was vorher keine hatte, und damit gemeinsam zu entscheiden, dass ein bestimmter Marker nun diese vorgegebene Bedeutung hat.

- Wie finde ich heraus, was das Pferd will?
- Und wie helfe ich dem Pferd, herauszufinden, was ich will?

Interessanterweise setzen Pferd und Mensch selbst oft das um, was sie wollen, wie in der oben beschriebenen Situation, wenn das Pferd zum Menschen mit einer bestimmten Intention kommt. Wünscht es sich Kontakt, wird es sich nähern und eine Berührung herstellen – indem es seine Nase an ihre Hände legt oder sich an ihnen reibt.

Wenn das Pferd spielen oder an etwas arbeiten möchte, kommt es auf Sie zu und beginnt, Übungen anzubieten; wenn es nur neben Ihnen in der Nähe sein und entspannen will, stellt es sich einfach dazu.

Verschiedene Gesten, Wörter oder Marker haben eine Bedeutung für das Pferd und den Menschen. Es gilt herauszufinden, welche. *Foto: Tanja Riedinger*

Wir Menschen tun etwas Ähnliches: Wenn das Pferd schneller gehen soll, beginnen wir ebenfalls schneller neben ihm zu gehen – Pferde reagieren darauf oft mit mehr Energie. Wenn wir mit dem Pferd entspannen wollen, gehen wir zu ihm und geben ihm vielleicht einen Keks oder kraulen es. Die Intension hinter alldem ist, gemeinsam Zeit zu verbringen.

Das Gespräch objektiv wahrnehmen

Beobachten Sie Ihr Pferd, wenn Sie sich ihm das nächste Mal nähern, und nehmen Sie das Gespräch, das sich entwickeln wird, objektiv wahr. Sagen wir, Sie gehen zu Ihrem Pferd und wollen etwas mit ihm arbeiten. Sie geben ein Signal wie „Schritt", um mit ihm auf den Platz zu gehen, das Pferd will aber lieber weiterhin Gras fressen und ignoriert Sie. Sie fragen mit mehr Nachdruck, und das Pferd entscheidet vielleicht, dass die Anfrage wichtig ist, und kommt mit – oder vielleicht auch nicht und es frisst einfach weiter. Ist Ihnen klar, was hier passiert? Es ist ein Gespräch. Sie kommunizieren mit Ihrem Pferd.

In diesem Fall war die Eröffnung, dass Sie zu Ihrem Pferd gingen und den Marker gegeben haben, der bedeutet, dass das Pferd loslaufen soll. Das hat jede Menge Fragen aufgeworfen – diese Aktionen und Reaktionen von Ihnen und Ihrem Pferd stellen das Gespräch dar. Es kann als eine Kette angesehen werden, jedes einzelne Glied knüpft an das nächste an und führt zu einer anderen Reaktion auf das zuvor Gesagte. Diese Visualisierung des Kettenglieds ist wichtig, weil es entscheidend ist, zu verstehen, dass diese Kette auf etwas hinführt. Sie führt sowohl den Menschen als auch das Pferd, als würden Sie einem Seil in einem dunklen Raum zum Ziel folgen. Diese Kette führt Sie zum Verstehen.

In dem Beispiel von oben, wo Sie das Pferd bitten, mit dem Grasfressen aufzuhören und mit Ihnen zum Platz zu gehen, wird eines von zwei Dingen passieren: Entweder wird die Kommunikationskette das Pferd dazu bringen, zu verstehen, dass es für Sie wichtig ist, auf den Platz zu gehen und an etwas zu arbeiten. Oder Sie selbst erkennen durch die Kette, dass für das Pferd das Gras wichtiger ist als die Arbeit auf dem Platz. So oder so führt die Kommunikationskette dazu, gemeinsam etwas herauszufinden, die Bedeutung hinter dem Gespräch zu verstehen.

Irgendwann wird der eine verstehen und der andere aufgeben, oder im Idealfall verstehen beide: Einer hört dann auf, auf das Gesagte zu reagieren, und beendet damit das Gespräch. Das bedeutet: Entweder Sie lassen das Pferd weiter grasen oder das Pferd verlässt das Gras, um Zeit mit Ihnen auf dem Platz zu verbringen. Das beendet dann das Beispiel von oben.

Zurückgelegte oder angelegte Ohren müssen nicht unbedingt ein aggressives Verhalten bedeuten. Sie können auch Anspannung oder Konzentration ausdrücken. *Foto: Tanja Riedinger*

Wie erkennt man, ob das Pferd etwas mag oder nicht?

Pferdefreunde machen sich oft viele Sorgen darüber, das Verhalten von Pferden nicht richtig einzuschätzen, und versuchen normalerweise, den Gesichtsausdruck des Pferdes zu lesen, etwa an der Bewegung der Ohren oder der Nüstern. Nun haben Studien in England gezeigt, dass wir Menschen schlecht darin sind, Gesichtsausdrücke bei anderen Menschen zu lesen. Wie können wir dann erwarten, die Mimik von Pferden zu verstehen? Ich will damit nicht sagen, dass wir diese Dinge nicht lernen sollten. Sie können uns großartige Informationen geben. Aber sich in erster Linie darauf zu verlassen, lässt uns scheitern.

Marker können der Clicker, die Stimme oder Körpersignale sein.
Foto: Tanja Riedinger

Ich ziehe es vor, stattdessen Logik zu verwenden und das Bild in der Gesamtheit anzusehen. Wenn ich wissen möchte, ob ein Pferd etwas mag oder nicht, beobachte ich weniger, was es während der Übung macht, sondern vielmehr, wie es sich davor und danach verhält.

Wenn Ihr Pferd bei der Freiarbeit ständig die Ohren zurücklegt, kann das vieles bedeuten: Das Pferd könnte lauschen, was hinter ihm ist, es kann konzentriert sein, sein Gesichtsausdruck kann auf Anstrengung hindeuten oder es kann wütend oder genervt sein.

Wenn wir uns ansehen, was vor und nach der Übung passiert, erhalten wir mehr Informationen. Lassen Sie uns das anhand der Piaffe erklären, eine Übung, die viel Anstrengung verlangt. Oft führen Pferde sie mit zurückgelegten Ohren aus. Wenn wir aber feststellen, dass das Pferd davor entspannt und ruhig ist und danach ebenso, können wir schlussfolgern, dass die Lektion keine Abneigung im Pferd hervorgerufen hat. Denn wenn das der Fall wäre, wäre das Pferd im Anschluss verärgert.

Also können wir feststellen, dass der angespannte Gesichtsausdruck des Pferdes mit zurückgelegten Ohren und festen Lippen daher rührt, dass es sich körperlich anstrengt.

Ich finde diesen kombinierten Ansatz viel hilfreicher, als mich auf nur einen einzigen Aspekt zu konzentrieren. Ich vergleiche gern: den Status der Pferd-Mensch Beziehung vor und nach der Übung, wie Mensch und Pferd vor, während und nach der Übung miteinander umgehen, die Art des Pferdes, eine Übung durchzuführen, die Beziehung des Pferdes zu unterschiedlichen Personen sowie die Motivation des Pferdes.

Der Wunsch nach einem motivierten Pferd bringt Frustration mit sich

Heutzutage wünschen sich die meisten Menschen ein motiviertes Pferd, und viele sind ein bisschen frustriert, weil sie fühlen, dass ihr Pferd nicht sehr motiviert ist. Wenn ich Kurse und Artikel sehe mit Ratschlägen, wie man die Motivation verbessern kann, drehen sie sich in der Regel darum, dass man herausfinden muss, was dem Pferd gefällt. Nur so kann man zusammen Dinge erarbeiten, die dem Pferd Spaß machen, es die Arbeit mag und es gern mit dem Menschen spielt. Dieser Fokus sollte anders ausgerichtet werden. Er sollte meiner Ansicht nach – aus mehreren Gründen – auf der Kommunikation liegen:

- Niemand lernt gern, wenn er nicht verstehen kann, was gesagt wird. Wie soll das Pferd also motiviert sein, etwas mit Ihnen zu tun, wenn es Sie nicht versteht? Ich habe in einem meiner Kurse erst vor Kurzem festgestellt, wie unglaublich leicht Pferde zu motivieren sind. Es gibt unterschiedliche Vorlieben, aber im Prinzip lernen alle gern, wenn sie verstehen, was sie tun sollen.

- Kommunikation selbst kann sehr motivierend sein. Auch, wenn Sie nicht versuchen, dem Pferd etwas beizubringen – gerade im Alltag mögen es Pferde wie Menschen, Zeit mit jemandem zu verbringen, den sie verstehen und der sie versteht.

- Es ist am einfachsten, andere zu motivieren, wenn man sie kennt, und um sie zu kennen, muss man mit ihnen kommunizieren können. Selbst wenn Sie Ihrem Pferd einen Trick schnell und gut beibringen können: Wie werden Sie wissen, welche Übung Ihr Pferd mag, wenn Sie nicht wissen, was es Ihnen sagt und wie?

Was macht die Kommunikation nun besser?

All das ist großartig, aber jetzt stecken wir bei dem Problem fest, was die Kommunikation nun besser macht. Was fehlt dem typischen Pferdetrainer, was fehlte in der Kommunikation mit meinen eigenen Pferden vor ein paar Jahren?

Menschen erwarten, dass Pferde gerne ihre Arbeit machen und Spaß mit dem Menschen haben sollen. Aber macht es dem Pferd wirklich Spaß?

Foto: Nadine Ruch

Pferde sind so schlau, dass man ihnen Marker nicht beibringen muss. Sie können sie im Training einsetzen – Ihr Pferd wird selbst lernen, sie zu verstehen. *Fotos: Tanja Riedinger*

Mit folgenden drei Punkten kommt man der Antwort nahe:

- *Konsistenz* = jedes Mal genau die gleichen Marker für die gleiche Sache verwenden

- *Anwendung* = Nutzung der Marker im Alltag und nicht nur auf dem Platz bei der Arbeit

- *Komplexität* = Je mehr Worte Sie sagen können, desto komplexere Dinge können Sie erklären.

Was ist jedoch ein Marker? Ein Marker verweist auf eine bestimmte Sache. Der Clickertrainer verwendet den Clicker, um den Punkt zu markieren, an dem das Pferd das richtige Verhalten gezeigt hat und dafür belohnt wird. Ich benutze Markierungen mit Stimme und mit Körpersignalen, um den Pferden nicht nur zu erklären, welche Lektion ich wünsche, sondern auch, wie sie sie ausführen sollen.

Die meisten von uns verwenden Marker, um anzuzeigen, wann das Pferd etwas gut gemacht hat. Allerdings verwenden wir leider meistens mehrere Wörter statt nur einem Wort oder einer Geste. Selbst dann reicht es nicht, zu sagen, dass das Pferd etwas gut gemacht hat. Stellen Sie sich vor, Sie erklären einem Kind etwas, können ihm aber nur mitteilen, wenn es etwas gut gemacht hat. Wie wollen Sie ihm dann sagen, dass es sich noch weiter verbessert hat?

KGS, Brücke und RS – die Bedeutung der Marker

In der Ethologie werden die Verwendung der Marker normalerweise als KGS (Keep Going Stimulus) bezeichnet. Ein Marker lässt das Pferd wissen, dass es etwas noch besser gemacht hat und sich der Brücke nähert, jenem Signal, das ihm zeigt, dass es richtig gut war und gleich die Belohnung kommt. Das wäre so, wie wenn man dem Kind sagen würde, dass es seine Hausaufgaben gut gemacht hat, es aber weiter daran tüfteln soll (KGS). Wenn es nun die Hausaufgaben korrigiert hat, sagt man ihm, dass es das toll gemacht hat und jetzt ein Eis bekommt, was der Brücke entspricht.

Dem Pferd zu sagen, wann es gut oder sogar besser war, reicht aber immer noch nicht: Es ist sehr frustrierend zu lernen, wenn man nicht gesagt bekommt, dass man falsch liegt. Denn dann versucht man immer weiter, ohne zu wissen, dass man in der falschen Richtung unterwegs ist. Es dauert aber länger, bis man erkennt, dass man nicht das Richtige tut. Hierfür kann man den sogenannten RS (Redirection Stimulus) nutzen. Er teilt dem Pferd mit, dass es etwas falsch macht und nicht belohnt werden wird.

All diese Marker sind sehr leicht beizubringen: Alles, was Sie tun müssen, ist, sie zu nutzen. Wenn Ihr Pferd dem Ziel näher kommt, setzen Sie das KGS ein. Wenn das Pferd richtig gut ist, nutzen Sie die Brücke als Belohnung.

Wenn das Pferd die Übung falsch oder auf die falsche Art und Weise macht, geben Sie ihm das RS. Ihr Pferd wird bald verstehen, dass dem KGS schnell die Brücke folgt und es eine Belohnung bekommen wird: Es begreift, dass es auf dem richtigen Weg ist und sich noch ein bisschen mehr in dieselbe Richtung anstrengen muss. Es merkt auch schnell, dass es die Übung beenden kann, wenn es die Brücke hört, da es jetzt belohnt wird. Und ebenso wird es schnell verstehen – auch wenn es hier etwas länger dauern kann –, dass nach dem RS stets eine Korrektur folgt und keine Belohnung. Deswegen wird es sein Verhalten ändern, wenn es den RS-Marker hört.

Wie Sie sehen können, habe ich bereits drei Marker erwähnt, und keiner von ihnen hat mit einer konkreten Übung zu tun, sondern vielmehr damit, dem Pferd mitzuteilen, was man will und wie man es erreicht. Das meine ich mit Komplexität der Kommunikation.

Die Kommunikation komplexer gestalten – für das Pferd

Wenn wir wollen, dass das Pferd trabt, geben wir ihm einen Marker, etwa einen Click. Wenn wir aber einen schnelleren Trab wollen, machen wir mehr Druck! Wieso das denn? Wo ist der Marker für „schneller"? Wenn wir dem Pferd erklären wollen, dass es traben, aber nicht schnell traben soll, warum bringen wir ihm dann nicht einen Marker für „Trab" und einen für „schneller Trab" bei? Wir sprechen so oft von der Klugheit der Pferde, dass sie so viel intelligenter sind, als wir ihnen zutrauen. Wenn sie aber wirklich so schlau sind, warum verwenden wir dann so ein einfaches Kommunikationssystem? Wir Menschen sind offensichtlich intelligent genug, um viel komplexere Sprachen zu lernen – und Pferde sind es auch. Lassen Sie uns also uns selbst und den Pferden einen Gefallen tun und komplexere Wege der Kommunikation schaffen, sodass wir detailliertere Gespräche führen können und nicht mehr daran scheitern, herauszufinden, was das Pferd uns sagen will, sondern mehr Spaß daran haben, gemeinsam zu trainieren und uns zu verstehen.

Foto: Nadine Ruch

Arien Aguilar zeigte schon im Kindesalter eine große Leidenschaft für die Verhaltensforschung bei Tieren, insbesondere bei Pferden, mit denen er aufwuchs. Er nahm an bekannten Pferdemessen wie der Equitana, der Pferd & Jagd und der Hanse Pferd teil. Zu seinen wichtigsten Projekten gehört die „Next Generation", die er 2014 ins Leben gerufen hat. Ein Event, in dem junge Trainer sich gemeinsam zum Ziel gesetzt haben, ihr Wissen zu teilen, voneinander zu lernen und sich weiterzuentwickeln. In der Pandemiezeit 2020/2021 veranstaltete er mit seinem Team die „Onlinepferdemesse", die erste virtuelle Messe für Pferdeliebhaber.
www.arien-aguilar.com

Durch Selbstreflexion
Stress mit dem Pferd bewältigen

von Martina Kiss

Foto: Martina Kiss

Pferde sind von Natur aus klare und bodenständige Tiere. Menschen sind sich aufgrund der auf sie einrieselnden Einflüsse oft ihrer selbst nicht sicher. Gerade in Menschen, die Pferde lieben und zu reiten beginnen, entsteht der Wunsch, eines Tages selbst ein Pferd zu besitzen. Wenn sie sich dann ein Pferd kaufen, kann es sein, dass die Partnerschaft (nach einer Eingewöhnungsphase) reibungslos verläuft. Es kann aber auch sein, dass das Pferd sich bei seinem Menschen in ein ängstliches oder aggressives Tier verwandelt, das seinen Besitzer oft verzweifeln lässt und sich zum Problempferd entwickelt. Warum ist das so?

Ein eigenes Pferd – das ist der Wunsch eines jeden Reiters. Dann kauft man sich sein Wunschpferd und stellt nach kurzer Zeit fest, dass es Probleme im Umgang und im Training gibt, die leider mit der Zeit nicht verschwinden, sondern sich verschlimmern. Das Pferd scharrt am Putzplatz und weicht dem Besitzer aus, es läuft vor seinem Besitzer davon, wenn dieser es von der Weide holt. Beim Reiten ist es unwillig und will seinen Reiter aus dem Sattel katapultieren. Nun versucht man über einen Trainer, die Eigenheiten seines Pferdes in den Griff zu bekommen. Beim Trainer funktioniert das Training reibungslos und man fragt sich, ob man das Geld für teure Stunden unnötig ausgegeben hat. Das Pferd arbeitet, wie von Zauberhand geführt, folgsam mit. Jede Lektion wird nicht nur brav absolviert, sondern es wirkt richtig motiviert. Mehr noch, reitet der Trainer das Pferd, wird es, das beim Besitzer vor jedem Windstoß im Gebüsch zur Seite gesprungen ist und seinen Reiter abgeworfen hat, zum geforderten Vierbeiner, der gelassen und motiviert alles tut, was sein Reiter von ihm verlangt. Und das schon in den ersten Stunden. Da fragt man sich schon: Warum folgt mein Pferd bei ihm und bei mir nicht? Und man wird immer unsicherer. So geht es vielen Pferdemenschen.

Aber was nützt es, wenn der Trainer mit dem anvertrauten Pferd kein Problem hat, aber der Pferdebesitzer in den Tagen nach den Trainingsstunden wieder nicht mit seinem Pferd klarkommt? Das frustriert den Menschen. Die meisten dieser Pferdebesitzer suchen sich dann immer andere Trainer (Trainerhopping). Nur können das Verhalten des Pferdes und das Wechseln des Trainers kein Dauerzustand sein, denn der Pferdebesitzer will mit seinem Pferd doch nur Freude und Spaß haben.

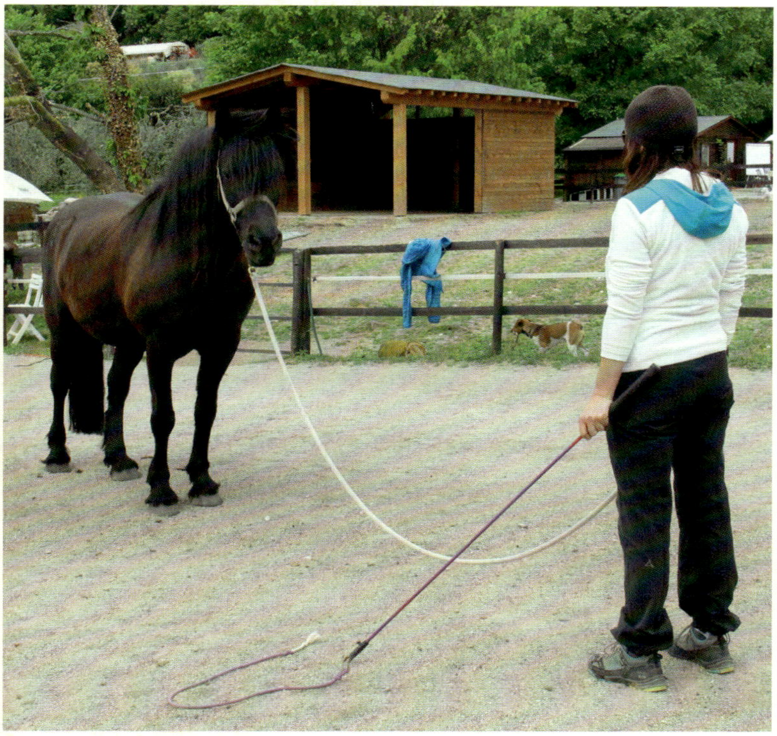

Das Pferd erkennt innerhalb von Sekunden, welche Persönlichkeit vor ihm steht oder in welcher Gefühlslage sich sein Mensch befindet. *Foto: Martina Kiss*

Untugend oder Überlebensinstinkt?

Pferde sind sehr bodenständige Tiere, die zwar in der Evolution Beutetiere und dadurch auf der Hut sind, geht man aber achtsam mit ihnen um, bekommt man Achtsamkeit zurück. Woran liegt es, wenn manche Pferde bei ihren Besitzern oft verhaltensauffällig werden und Untugenden an den Tag legen?

Im Grunde genommen ist es der Überlebensinstinkt. In der Natur bekommen sie Sicherheit in der Herde. Wenn ihr Mensch ihnen das Gefühl dieser Sicherheit gibt, gehen sie mit ihm überallhin und machen auch alles mit, was er will. Dieses Vertrauen in seinen Menschen muss Schritt für Schritt erarbeitet werden. Der Mensch muss zeigen, dass er das Pferd in jeder Situation klar führen kann. In einer Pferdeherde übernimmt diese Aufgabe die Leitstute oder der Leithengst. In der domestizierten Pferdewelt übernimmt der Mensch diese Rolle. Nur ein Mensch, der sich seiner bewusst ist oder der seinem Pferd zu verstehen geben kann: „Ich bin da und du bist sicher“, wird in seinem Pferd einen wertvollen Partner haben. Es nützt auch nichts, wenn der Mensch ein Selbstbewusstsein vorspielt. Ein Beispiel: Kommt der Mensch nach einem gestressten Arbeitstag zum Reiten in den Stall, ist müde und möchte nur noch die Beine hochlegen, ist er schon energetisch nicht in der Lage, seinem Pferd Sicherheit zu geben. Das sind die Tage, an denen der Mensch sagt: „Ich weiß nicht, was mein Pferd heute hat. Es ist so launisch.“ Logisch, das Pferd fühlt die fehlende Sicherheit und die fehlende Aufmerksamkeit. Ein unaufmerksamer Mensch bedeutet Gefahr. Und hinter jedem Baum lauert (in den Gedanken des Pferdes) ein Löwe. Dementsprechend wird es sich verhalten.

Unsichere Pferde brauchen sichere Menschen

Pferde, deren Menschen unsicher sind, übernehmen aus einer Not heraus die Verantwortung für sich selbst, weil sie erkennen, dass der Mensch dazu nicht in der Lage ist. Sie vertrauen ihrem Menschen nicht, deshalb kommt es nun zu Situationen, in denen das Pferd das Gefühl hat, es müsse selbst handeln. Das kann zum Beispiel bei einem Ausritt ein Rascheln im Gebüsch sein, das das Pferd aufschrecken lässt. Es wird fliehen und versuchen, seinen Reiter abzuwerfen. Das sind dann die sogenannten Problempferde, weil sie selbst mit der Situation überfordert sind und aus Angst heraus handeln. Diese Pferde sind gar keine echten „Problempferde“. Ein Problempferd wäre ein Pferd, dass sich durch Misshandlungen zu einem aggressiven Pferd entwickelt hat und nur mehr in den Fight-Modus geht, wenn es einen Menschen wahrnimmt.

Hat der Mensch durch seine Persönlichkeit und seine Kongruenz dem Pferd bewiesen, dass er es führen kann, wird es ihm motiviert folgen. *Foto: Martina Kiss*

Die Pferde, die auf das Verhalten des Menschen reagieren, entwickeln sich durch Missverständnisse in der Kommunikation zu verhaltensauffälligen Pferden. Der Unterschied ist der, dass ein echtes Problempferd für den Menschen lebensgefährlich werden kann, weil der Fight-Modus nicht mehr ausgeschaltet wird. Währenddessen ein missverstandenes Pferd nur in der Situation handelt und dann ist es gut. Es kann allerdings die Situation verinnerlichen und ein Pferd, das schlechte Erfahrungen zum Beispiel beim Verladen in einen Hänger gemacht hat, merkt sich das und wird erst durch ein Hängertraining zum problemlosen Verladekandidaten.

Lernen wir denken wie Pferde

Beginnen wir beim Grundproblem: Pferde denken anders als Menschen, denn der Mensch nimmt etwas wahr, überlegt Möglichkeiten und Lösungen, damit umzugehen, und handelt dann je nachdem, welche Lösung er gefunden hat. Das Pferd nimmt etwas wahr und handelt. Warum sollte das Pferd über einen Beutegreifer nachdenken, wenn es doch davonlaufen kann? Hier beginnt schon in der Wahrnehmung und der daraus resultierenden Konsequenz das erste Missverständnis. Da Pferde in zwei Schritten denken (wahrnehmen – handeln), agieren sie schneller als der Mensch. In dem Moment, in dem das Pferd den Menschen sieht, nimmt es wahr, was in diesem vorgeht – oft auch schon bevor der Mensch es selbst weiß. Das Denken des Menschen verläuft in drei Schritten: wahrnehmen, Situation beurteilen, Lösung finden und handeln. Das ist der Grund, warum der Mensch total erstaunt ist und es sich nicht erklären kann, wenn sein Pferd nicht wie er handelt. Versuchen wir uns in Fluchttiere, die Pferde nun einmal sind, hineinzuversetzen und so zu denken wie sie, sind wir ihnen einen Schritt voraus. Wir lernen, sie zu verstehen, und können so eskalierende Situationen im Vorfeld entschärfen. Das wäre die eine Variante und erfordert eine blitzschnelle Reaktion. Diese muss erst erlernt werden. Gehen wir einen Schritt zurück und versetzen uns in die Situation, dass der Mensch nicht so klar in seiner Führungsqualität ist. Selbst wenn der Mensch versucht, seinem Pferd Stärke vorzuspielen, nützt es nicht, denn das Pferd durchschaut ihn. Es wird dem Menschen erst folgen oder sich öffnen, wenn dieser zu seiner Persönlichkeit steht und authentisch ist.

Geprägt durch das Umfeld

Der Mensch wird sehr durch sein Umfeld seit seiner Kindheit beeinflusst. Das können Einflüsse seines Verwandten- oder Freundeskreises sein, die aber seiner eigenen Persönlichkeit widersprechen. Trotzdem – um zu gefallen oder um dazuzugehören – ordnet er sich seinem Umfeld unter und passt sich der Gesellschaft an. Es braucht oft ein halbes Leben, um sich aus Gedankenmustern und Glaubenssätzen zu befreien, die nicht mit der eigenen Persönlichkeit übereinstimmen. Solch ein Mensch ist von Unsicherheit geprägt, denn er lebt seine Persönlichkeit nicht aus. Diese Unsicherheit macht dem Pferd Angst.

Dieser Situation sind schon Vorzeichen des Pferdes vorangegangen. Eine Deeskalation ist nicht mehr möglich. Das Pferd geht in den Fight-Modus. *Foto: Christiane Slawik*

Das Pferd braucht jedoch einen Menschen, der klar seinen Weg geht. Treffen nun solch ein unsicherer Mensch und sein Pferd aufeinander, kommt es unweigerlich zu Problemen. Das Pferd zeigt ihm schnell: „Hey, so nicht. Verändere dein Handeln, sonst spiele ich nicht mit." Spätestens jetzt wäre es an der Zeit, dass der Mensch sein Handeln und Denken reflektiert. Dazu muss er tief in sein Innerstes gehen und seine Gefühle offenlegen. Das Ganze ist an einem alltäglichen Beispiel, das sich in vielen Reitställen abspielt, transparent darstellbar.

Stress wird übertragen

Deutlich und eventuell auch gefährlich kann es werden, wenn die Tagesverfassung des Menschen es nicht zulässt, dass er sein Pferd sicher führen kann. Folgendes Beispiel macht es klar: Der gestresste Mensch fährt nach Büroschluss zu seinem Pferd. Es ist ein sonniger Tag, nicht zu kalt oder zu heiß, und der Mensch möchte (weil er sein Pferd bewegen sollte) mit ihm ausreiten.

Das Pferd signalisiert: „Ich kann dir vertrauen, weil ich bei dir sicher bin." *Foto: Martina Kiss*

Schon beim Holen von der Weide ist das Pferd unruhig und will nicht mitkommen (wahrnehmen und handeln). Der Mensch schafft es, das Pferd zu satteln und mit ihm ins Gelände zu reiten. Noch immer ist der Mensch mit seiner Aufmerksamkeit und seinem Stress gedanklich im Büro (Ärger mit einem Kollegen oder ein nicht erledigter Arbeitsauftrag) und ein lauter Trecker biegt um die Ecke. Das etwas nervöse Pferd übernimmt die Führung, weil es sich auf seinen Menschen nicht verlassen kann, und flüchtet vor dem Löwen (Trecker). Es geht durch, weil sein Reiter seinen Fokus nicht auf sein Pferd, sondern seine Bürotätigkeit ausgerichtet hat. Um es transparent zu machen: Die Situation war schon vorprogammiert, als der Mensch vom stressigen Bürotag zum Stall gefahren ist. Als er sein Pferd von der Weide holte, übertrug sich der Stress des Menschen auf den Vierbeiner. In solchen Situationen hilft es, tief durchzuatmen und noch auf der Fahrt in den Stall gedanklich die Bürotür zu schließen und nur noch zu „sein". Durch dieses Schließen der Bürotür öffnet sich der Mensch und kann seine Aufmerksamkeit auf sein Pferd richten.

Änderung zum glücklichen Ich

Wie würde es sich anfühlen, wenn der Mensch dieses tiefe Durchatmen und Sein mit seinem Pferd offen und ehrlich jeden Tag lebt? Es fühlt sich gut an, oder?

Damit dieser Zustand von Dauer ist, sollte der Mensch jeden Tag an sich und seiner Persönlichkeit arbeiten. Ich spreche nicht von einer Veränderung, nur um Frieden mit seinem Pferd zu haben, sondern von einer Reflexion, um selbst glücklich zu werden. Tief in sich gehen und erarbeiten, was man wirklich will. Seinen Fokus auf die eigene Persönlichkeit und das eigene Glück zu richten, bedeutet auch, sein Umfeld zu verändern. Fühlt das Pferd, dass sich der Mensch fokussiert, wird es seine Aufmerksamkeit auf den Menschen richten.

Wenn der Mensch nun jedes Mal, wenn er zu seinem Pferd fährt, so agiert, steigert er seine eigene Lebensqualität, denn er lernt, sich selbst zu disziplinieren, um im Hier und Jetzt zu leben, und das Pferd hat einen sicheren Partner. Es lernt, ihm zu vertrauen. Dieses Vertrauen führt zu einer tiefen Verbundenheit mit seinem Partner Mensch.

Martina Kiss: Durch den Tod ihres Pferdes Junior kam die Journalistin und Pressefotografin Martina Kiss zur Tierkommunikation (nach Carola Lind und Nadja Bacchi) und in weiterer Folge zur Tierenergetik. Sie arbeitet mit Cranio-Sacraler Ausgleichsenergie und Touch for Health für Pferde und Hunde. Ihre Spezialgebiete sind Pferdekinesiologie (Dr. Christina Fritz) und Coaching zwischen Mensch und Tier (Nadja Bacchi). Seit einigen Jahren studiert sie das Verhalten der Mensch-Pferd-Beziehung.

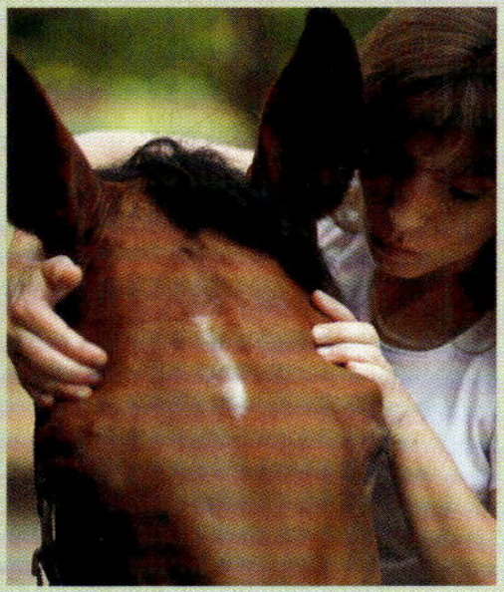

www.balance4animals.at

natural horse
Mit maximaler Gelöstheit
Gesunder Huf = balanciertes Pferd
Mit gefühlvollem Training
Feine Hilfen im Umgang mit dem Pferd
spezial
ANGST BEI PFERD & MENSCH
Wenn Angst das Reiten lähmt
Schritt für Schritt zurück in den Sattel
STÄRKE DEIN URVERTRAUEN
Pferdegerechte Haltung
Dem Druck weichen
Rund ums Heu

Kraftfeld Pferd

Wie Menschen Pferde beeinflussen

von Alexandra Rieger

Foto: Martina Kiss

In der Therapie und im Coaching werden immer mehr die wohltuenden bis hin zu heilenden Energien der Pferde eingesetzt. Therapeuten und Coaches erkennen immer deutlicher die stark transformierenden Energien der Pferde und erzielen in ihren Vorgehensweisen oftmals revolutionäre Ergebnisse. Ergebnisse, die ohne das Pferd nicht möglich sind. Warum? Das Pferd stellt uns durch sein *Sein* ein sehr starkes „Kraftfeld", wir können es auch „Energiefeld" nennen, zur Verfügung. Dadurch kann das Pferd aber auch in eine Opferrolle fallen.

Was geschieht in diesem „Kraftfeld"? Es sind vor allem drei Qualitäten, die sich fast augenblicklich einstellen, sobald der Mensch das Kraftfeld Pferd betritt. Im ersten Schritt zieht das Kraftfeld des Pferdes den Menschen aus seiner Starre oder, besser gesagt, aus einem hypnoseartigen Zustand. Wir befinden uns alle mehr oder weniger in unserem Tagesbewusstsein in einer Art Gedankenhypnose. Das Heraustreten aus dieser Hypnose bedeutet für viele eine Pause, eine Erholung aus der ständigen Gedankenmühle, die zermürbend und aufreibend wirkt.

Der zweite Schritt besteht darin, dass der Mensch in diesem energetischen Zustand des Kraftfeldes einen leichteren und schnelleren Zugang zu seinen Emotionen findet, um diese nutzen zu können, statt von ihnen „verschoben", sprich beeinflusst und manipuliert zu werden. In vielen Fällen kommt es zu Gefühlsausbrüchen, wie Schreien, Weinen oder Toben.

Diese beiden Schritte wiederum sind die Voraussetzung, damit der Mensch einen Zugang zu seiner ureigenen Kraft und Macht findet. Das ist der dritte Schritt. Die beschriebenen Qualitäten erlauben dem Therapeuten/Coach ein intensives und stark transformierendes Arbeiten. Mithilfe des Coaches durchlebt der Mensch eine Veränderung. Er beginnt, sich wieder zu fühlen, und dabei kommen Emotionen hoch, die ihm auf dem Weg zu seiner Persönlichkeit helfen.

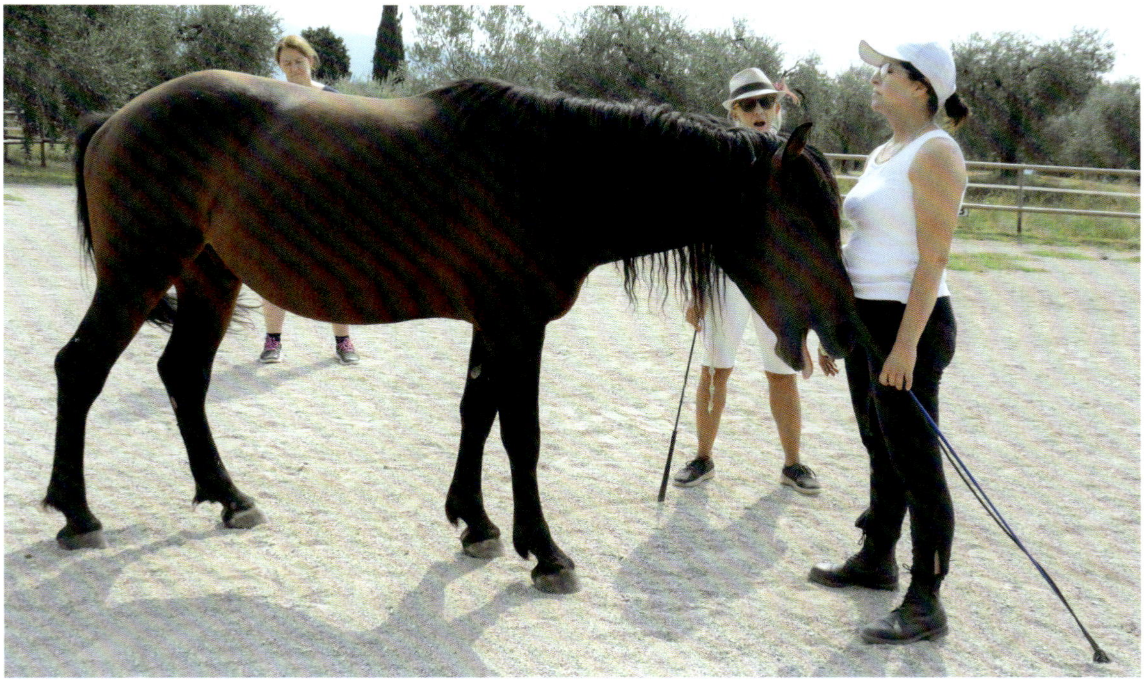

Oft ist ein Gähnen – vor allem unmittelbar vor dem Menschen – ein Zeichen, dass das Pferd sich entspannt und die Emotionen des Menschen transformiert. *Foto: Martina Kiss*

Mit Gedankenmustern heranwachsen

Seit der Kindheit werden wir erzogen, nach außen unsere Gefühle zu unterdrücken, denn Gefühlsäußerungen lassen uns schwach erscheinen. Schon Kleinkindern sagt man – wenn sie hinfallen und sich das Knie anschlagen: „Halb so schlimm, tut gar nicht so weh, morgen ist alles wieder gut!" Damit will man auf der einen Seite das Kind, das Schmerzen hat, beruhigen, auf der anderen Seite will man, dass das Kind so lernt, stark zu sein. Aber für das Kind zählt nur der Augenblick, und es tut ja weh, wenn man hinfällt und sich das Knie aufschlägt. Um stark zu wirken, beruhigt sich das Kind wieder, steht auf und spielt weiter. Es lernt aber im Laufe seines Heranwachsens, dass man Schmerzen und Emotionen unterdrücken muss.

Befreit sich der Mensch von seinen Gedankenmustern, können Gefühle an die Oberfläche drängen. *Foto: Martina Kiss*

Energien ans Pferd abgeben

Aber was hat das mit dem Pferd zu tun? Wie wirken sich die Energien des Menschen auf das Pferd aus? Welche Rückschlüsse können wir durch die Reaktionen und Symptome des Pferdes ziehen? Hierzu ist es notwendig, tiefer zu gehen und zu erkunden, was Emotionen sind.

Emotionen sind materialisierte Gedanken. Was ein Mensch denkt, unbewusst und bewusst, verdichtet sich im Unterbewusstsein und erschafft Emotionen.

Emotionen sind verdichtete Energie, die immer auch eine körperliche Komponente haben.

Das heißt, Emotionen haben immer einen bestimmten „Platz" im Körper, sie können im Körper bestimmt werden und verursachen Empfindungen wie Enge, Druck, Kälte und so weiter. Sie strahlen ihrer Qualität entsprechend ihre Energien ab. Emotionen haben somit eine Qualität, die der Mensch, sobald er sich der Emotion bewusst ist, bestimmen kann. Diese „Ausstrahlungen" bleiben nicht im Körper des Menschen gefangen, sondern werden an andere abgegeben. Je unbewusster ein Mensch ist, desto stärker ist er diesen „Ausstrahlungen" anderer Menschen ausgesetzt und wird dadurch beeinflusst und manipuliert. Das Pferd, das ein hochsensibles Wesen ist, nimmt diese Schwingung der Ausstrahlung sehr intensiv auf. Je enger der Besitzer am Pferd ist, desto stärker ist diese energetische Wechselwirkung zwischen Mensch und Pferd. Je mehr ungelöste und unbewusste Emotionen (sprich Seeleninhalte) der Mensch in sich hat, desto mehr muss das Pferd von seinem Besitzer tragen. In vielen Fällen kann es zu Eins-zu-eins-Übertragungen kommen, in denen das Pferd die gleichen körperlichen Symptome wie sein Besitzer zeigt. In anderen Fällen brütet das Pferd Krankheiten aus, die durch Analogien zu den Wurzeln des Problems im Menschen führen.

Das Pferd als Spiegel – sowohl emotional als auch körperlich

Es heißt, das Pferd sei Spiegel des Menschen. Das stimmt in gewissen Teilen auch. Denn ein Pferd sucht sich den Menschen aus, der noch etwas zu lernen hat, und zeigt ihm dann seine Unzulänglichkeiten auf, eben als Spiegel. So gesehen ist das Pferd der perfekte Coach. Das Pferd kann keine Schutzmauer aufbauen und nimmt alles auf wie ein Schwamm.

Hierzu ein Beispiel aus der Praxis. Andrea* arbeitet seit 2012 therapeutisch am Pferd, wodurch ihr viele verschiedene Menschen mit ihren Tieren begegnet sind. Sie selbst durfte durch die Krankheiten ihrer Pferde wachsen und sehr viel über sich selbst lernen. Wie sie die Zusammenhänge und Spiegelungen bezüglich der Gesundheit der Pferde und des mentalen Zustands des Menschen bisher für sich wahrgenommen hat, erklärt sie am Thema Hufrehe. Bei Hufrehe/Laminitis löst sich die Verbindung vom Hufbein zum Wandhorn. Dadurch entstehen Entzündungen in der Lederhaut. Wenn wir Verbindungen in unserem Leben lassen, die uns nicht guttun, werden diese Verbindungen mit negativen Informationen, meist in Form von Emotionen, belastet. Das können Menschen, Situationen oder Umstände sein, von denen wir glauben, dass wir uns nicht trennen oder lösen können. Wenn wir der Meinung sind, dass es so sein muss, und wir keine Wahl haben, geben wir gern anderen die Schuld an unserer Situation. Gleichzeitig geben wir die Macht ab und verfallen noch mehr in die Opferrolle. Wir stecken sozusagen in einer Sackgasse fest. Das muss nicht mal bewusst unseren Tag bestimmen, sondern meist läuft das unterschwellig nebenbei mit, begleitet uns ganz still.

* Name wurde von der Redaktion geändert.

Pferde stellen sich oft als emotionaler Mülleimer zur Verfügung. Es liegt in der Verantwortung des Menschen, behutsam mit dem Pferd umzugehen. *Foto: Christiane Slawik*

Pferde sind allerdings hochschwingende, feinstoffliche Wesen. Sie nehmen das Unbewusste, unser Leid, unseren Schmerz sehr wohl wahr und zeigen ihn uns in Form von verschiedensten Krankheiten auf. Eine energetische Erklärung dafür, am Beispiel der Hufrehe: Das Pferd steht – genau wie wir –, es weigert sich, sich zu bewegen, da es starke Schmerzen hat. Unser Schmerz, unsere Starre, das Gefühl der Ausweglosigkeit – alles an unterdrückten Emotionen und Schmerz geht auf. Es zeigt uns auf, wie verloren, hilflos und handlungsunfähig wir uns fühlen. Dieser Vorgang passiert aber nicht erst seit der Hufrehe. Wenn wir ehrlich sind, war das Gefühl schon früher da, nur wollten wir es nicht fühlen.

Andrea sagt: Ich habe das alles mit meinen eigenen Pferden durchlebt und habe einige Menschen mit ihren kranken Pferden durch diese harte Zeit begleitet. Es stehen die verschiedensten Situationen und Themen dahinter. Was ich jedoch feststellen kann, ist, dass nur der Glaube, keine Wahl zu haben, einen daran hindert, sich weiterzuentwickeln. Dahinter steckt der Gedanke oder das Glaubensmuster: „Ich stecke fest und mir wird Unrecht getan!" Wir haben immer eine Wahl. Die Pferde wollen uns wecken, uns sagen: Wach auf und nimm deine Macht und Kraft zurück, nimm die Zügel deines Lebens in die Hand und schaue nach vorn, richte deinen Fokus aus und lebe und genieße mit allen Sinnen.

Verantwortung des Menschen

Der Mensch hat somit eine große Verantwortung dem Pferd gegenüber, dass er es nicht als „seelischen Mülleimer“ der eigenen ungelösten Themen missbrauchen sollte. Andrea ist zusätzlich zu ihrer Ausbildung als Hufbearbeiterin ausgebildeter Raidho Equi Coach und kann ein Bewusstsein im Pferdebesitzer diesbezüglich schaffen. Dies macht die Heilung des Pferdes im ganzheitlichen und nachhaltigen Sinn erst möglich und der Pferdebesitzer bekommt durch die Spiegelung des Pferdes die Möglichkeit, sich aus konditionierenden und krank machenden Seeleninhalten zu befreien. Auf dieser Ebene ist die Wechselbeziehung „Mensch – Pferd“ eine segensreiche, da sie den Menschen und das Pferd in die Heilung führt.

Nur durch die Anwesenheit des Pferdes fühlt sich der Mensch frei und wohl. *Foto: Christiane Slawik*

Nur wer Achtung vor dem Pferd hat, wird sein Kraftfeld nutzen können. *Foto: Christiane Slawik*

Alexandra Rieger ist die Gründerin von Raidho Healing Horses und Autorin der Bücher „Mit den heilenden Kräften der Pferde", „Chakrenarbeit mit Pferden" und „Krafttier Pferd". Sie arbeitet seit 1995 in der Erwachsenenbildung (Alpha-Training, NLP, Pferdegestütztes Lernen) und hat eine Ausbildung zur Psychopädagogin. Weitere Weiterbildungen mit Pferden waren Bodenarbeitsseminare und Kommunikationstraining in Warendorf und in Rosenheim, Selbsterfahrung mit Pferden, pferdegestütztes Lernen und Seminare in schamanischer Energiearbeit. Ihre neueste Workshopreihe ist der „Equi-Coach". Zu dieser Ausbildung hat sie das Buch „Wie Pferde coachen" verfasst, das Ende Oktober im Crystal Verlag erscheint.
www.raidhohealinghorses.com

Love in a Cup
Happy Belly
Gentle Detox
Relax Me
GESUNDE KRÄUTERTEES FÜR PFERDE UND PONYS
Einen Beutel pro Tag für Pferde und Ponys.
In Wasser einrühren.
Ins Tränkwasser, über Futter oder Heu gießen.
Teepferdchen
WWW.TEEPFERDCHEN.DE

Offene Wunden

Von der Erstversorgung bis zur Narbenpflege

von Susan Bär

Die hier gegebenen Hinweise ersetzen nicht den Tierarzt oder eine Behandlung von Notfällen!

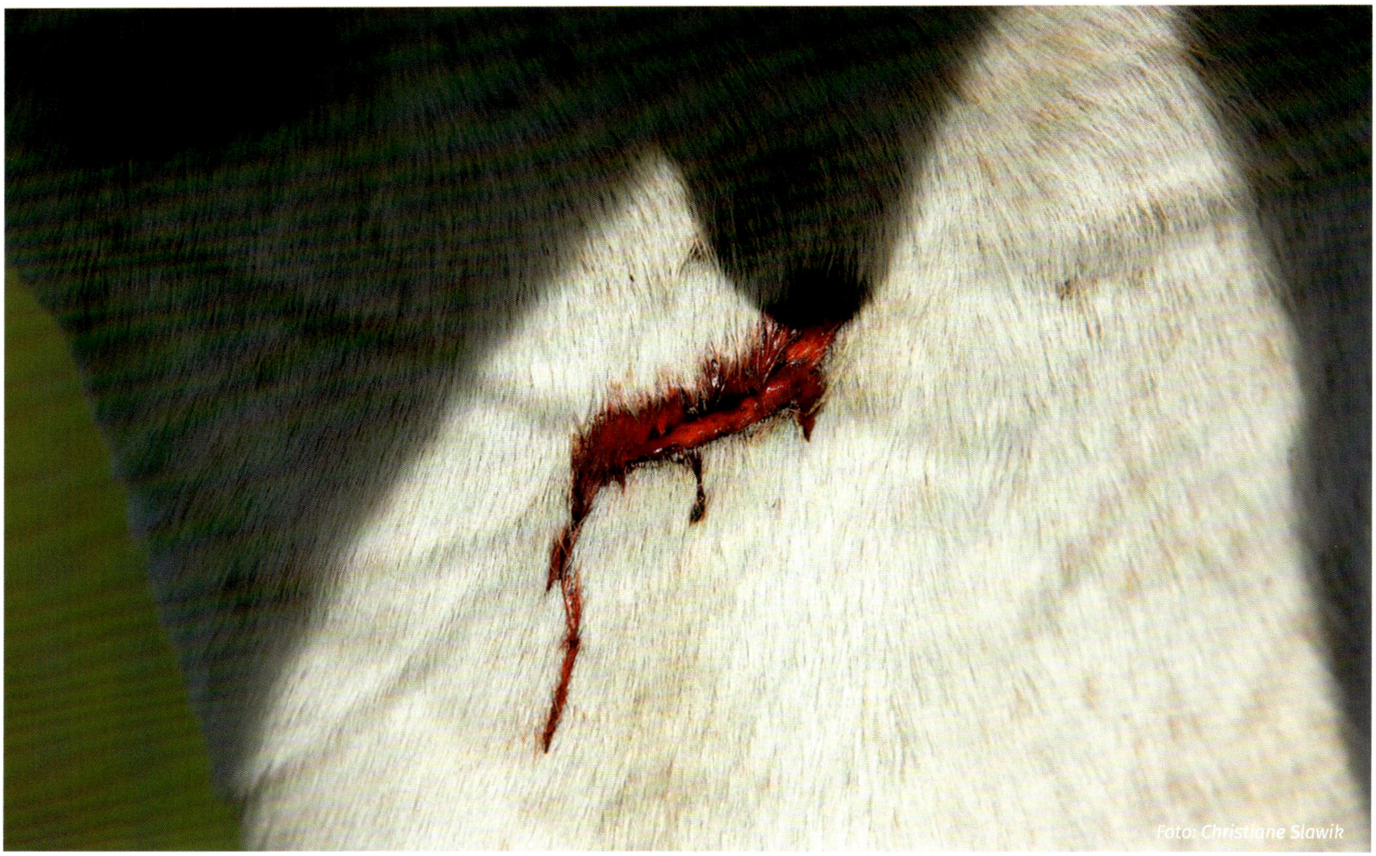

Foto: Christiane Slawik

Wunden können bei unseren geliebten Vierbeinern jederzeit entstehen. Verletzungen passieren meist genau dann, wenn man sie am wenigsten braucht: vor dem Urlaub, vor dem geplanten Ausritt oder der Reitstunde, abends oder am Wochenende. Für die einen gehören kleine Blessuren fast schon zum Alltag und können die meisten kaum noch schocken. Für andere sind Schrammen und Kratzer immer ein Anlass zur Sorge, denn sie werden oft schnell größer, anstatt zu heilen. Eine rasche Wundversorgung kann hier helfen. Doch wie und womit lässt viele Pferdebesitzer ratlos aussehen, denn es gibt verschiedene Phasen und unterschiedliche Möglichkeiten der Versorgung – von klassisch bis natürlich. Ein Grund mehr, sich genauer über Wunden zu informieren.

Das Pferd ist auch heute noch ein hochreaktives Fluchttier: wache Sinne, gepaart mit schnellen Reaktionen. Für die Wundheilung kann dies nachteilig sein. Kleine Wunden verschließen sich rasch innerhalb von drei bis vier Stunden. Ist die Wunde sauber und nahezu keimfrei, verläuft die Heilung ungestört. Erkennt der Körper jedoch Erreger oder Schmutzpartikel, so wird die Entzündungsreaktion verstärkt – oft als Verschlimmerung am zweiten Tag sichtbar – oder es kommt zu einer Infektion mit Eiterbildung oder wildem Fleisch nach wenigen Tagen. Zudem reagiert das Immunsystem des Pferdes schneller als bei anderen Tieren. So treten Einschuss oder Fieber tendenziell schneller auf als beim Menschen oder bei anderen Tierarten.

Eine wichtige Erkenntnis der Pferdetherapeutin Susan Bär bei der Wundversorgung ist: Sofort sprühen hilft am besten. Was zuerst auf die Wunde kommt, entscheidet ihrer Erfahrung nach über den gesamten Heilungsverlauf.

Natürliche Wundheilung

Die Wundheilung läuft in verschiedenen Phasen ab. Der Heilungszeitraum umfasst circa eine Woche bei kleinen Blessuren und mehrere Monate bei großen Wunden.

Phase 1:
Reinigungs- und Entzündungsphase (Exudationsphase)

In dieser Phase blutet die Wunde oder sondert weißliches Wundsekret (Blutplasma) ab, um sie von Bakterien und Schmutzpartikeln zu reinigen. Die Blutgerinnung wird aktiviert. Von innen unterstützen Makrophagen gegen Krankheitskeime, und als Fresszellen bauen sie zusätzlich Zelltrümmer ab. Histamin löst eine natürliche Entzündungsreaktion aus. Granulozyten bilden innerhalb weniger Stunden eine Art „Provisorium“, eine dünne, noch sehr verletzliche Hautschicht.

Dauer: wenige Stunden bis zwei Tage; bei eitrigen Wunden drei bis sieben Tage.

Störungen: Sind Erreger oder Schmutzpartikel unter der dünnen Schicht eingeschlossen, wird jetzt die Entzündung verstärkt oder die Wunde infiziert sich. In diesem Fall ist die Wunde am zweiten Tag schmerzhaft, geschwollen, erwärmt, es bildet sich bereits Eiter oder der gefürchtete Einschuss. Sind kleine Verletzungen am zweiten Tag nicht komplikationslos verschlossen, ist die Heilungsdauer verzögert.

Phase 2:
Granulations- und Reparaturphase (Proliferationsphase)

Sie beginnt nur im Wundbereich, wo die Reinigungsphase abgeschlossen ist. Die dünne Hautschicht wird zunächst immer mehr mit kleinsten Blutgefäßen durchzogen. Das Aussehen ist tiefrot, feucht glänzend durchsichtig. Myofibroblasten (spezielle Bindegewebszellen) verstärken nach und nach dieses sogenannte Granulationsgewebe und die Wundränder beginnen sich zusammenzuziehen.

Dauer: ein bis fünf Tage nach Abschluss der Phase 1, bei großen Wunden mehrere Wochen.

Störungen: Die erste und zweite Heilungsphase überlappen in der Wunde, das heißt, außen beginnt das Gewebe zu granulieren, während im Zentrum die Wunde noch nässt oder eitert. In der zweiten Phase kann sich zudem wildes Fleisch bilden, unter anderem, wenn Erreger oder Fremdstoffe im Granulationsgewebe eingeschlossen sind.

Phase 3:
Regenerations- und Reifungsphase (Epithelisierungsphase)

In dieser Phase nimmt der Anteil an Gewebswasser und Gefäßen im Granulationsgewebe ab. Jetzt vernetzen, stärken und stabilisieren sich die vorher angelegten Fasern mit ihrem hohen Kollagenanteil. Das Narbengewebe wird immer stabiler. Nur auf gesundem Granulationsgewebe wächst das Fell nach, in Fellfarbe und nicht in Weiß.

Dauer: fünf bis zehn Tage nach Abschluss der Phase 2, bei großen Wunden mehrere Wochen bis Monate.

Wichtig! Die maximale Belastbarkeit von Narbengewebe wird erst nach Wochen oder Monaten erreicht. Die Narbe hängt von der Lage und Größe der Wunde ab, jedoch vor allem vom Verlauf der ersten beiden Heilungsphasen.

Einflussfaktoren auf die Wundheilung

Damit die Wundheilung beim Pferd ohne Komplikationen verlaufen kann, muss die Wunde sauber, nahezu keimfrei und gut durchblutet sein. Somit ist die Heilungsdauer weitestgehend von der Erstversorgung abhängig sowie von der Größe der Wunde. Bei älteren Tieren kann die Heilung länger dauern, ebenso bei unzureichender Nährstoffversorgung. Als chronisch bezeichnet man Wunden beim Pferd, die länger als sechs bis acht Wochen andauern.

Laut Prof. Dr. Derek Knottenbelt, Spezialist für innere Medizin an der Universität Liverpool, verheilen Wunden am Pferdebein langsamer als am Rumpf. Circa 70 Prozent der sekundär heilenden Wunden an den Beinen zeigten Störungen in der Wundheilung. Vor allem die sekundäre Wundheilung verlaufe bei Großpferden langsamer als bei Ponys.

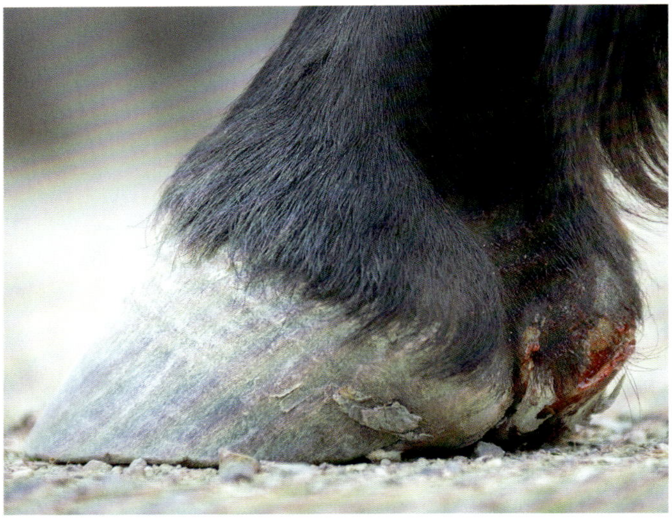

Ein oberflächlicher Ballentritt muss mit einem Verband sauber gehalten und geschützt werden. *Foto: Christiane Slawik*

Welche Wunden können selbst versorgt werden?

Grundsätzlich sollte jede noch so kleine Wunde oder Verletzung sofort behandelt werden. Denn je früher solche Blessuren gereinigt werden, desto besser sind die Heilungsaussichten.

Hierzu zählen alle oberflächlichen Hautverletzungen, die maximal 0,5 Zentimeter tief sind. Sie können durch Streifen oder Hängenbleiben an Pfosten, Türen oder Gattern entstehen, ebenso bei Stürzen auf rauen oder harten Oberflächen. Meist liegt eine Abtragung der äußeren Hautschicht vor und es tritt punktartig Plasma (farblose Zellflüssigkeit) aus oder es kommt zu einer minimalen Blutung. Dazu gehören:

- Schürfwunden, Hautabschürfungen, Hotspots, Kratzer
- Scheuerstellen/Druckstellen vom Sattel, Gurt, Geschirr oder anderer Ausrüstung
- offene Stellen durch Juckreiz
- Streifwunden an den Beininnenseiten und am Kronsaumrand, oberflächlicher Ballentritt
- Stichverletzung wie zum Beispiel von einer Zecke, als Einstichstelle beim Spritzen
- oberflächliche Bissverletzungen ...

> i Stichverletzungen werden oftmals unterschätzt, da sie sich oft durch eine kleine Eintrittspforte an der Hautoberfläche darstellen. Allgemein gilt: Tritt am zweiten Tag der Wundversorgung kleiner Schrammen keine Besserung ein, zusätzliche Hilfe holen.

Wunden feucht halten oder an der Luft trocknen lassen?

Der Mythos „Wunden heilen am besten, wenn sie an der Luft trocknen" hält sich weiterhin hartnäckig. Was stimmt daran nicht?

Trockene Wundversorgung bedeutet zweierlei: die Wundauflage im Verband trocken lassen oder die Wunde unbehandelt direkt an der Luft trocknen lassen. Trockene Wundauflagen verkleben oft auf der frisch gebildeten Haut. Dies führt zu Verletzungen und Schmerzen beim Verbandwechsel. Im anderen Fall bildet sich rasch eine „Kruste". Sie wird aber inzwischen als Ergebnis des Austrocknens gesehen, das den Heilungsprozess eher stört beziehungsweise verzögert. Vor allem beim Pferd können sich eingeschlossene Erreger vermehren und einen Einschuss auslösen. Ebenso behindert die Kruste das Zusammenziehen der Wundränder in der zweiten Heilungsphase.

In der **feuchten Wundversorgung** wird die Wunde von Anfang an feucht gehalten. Dieser neue Standard steckt in der Veterinärmedizin noch in den Kinderschuhen. Er sollte bei allen kleinen Wunden, bei schlecht heilenden oder offenen Wunden ebenso im Verband zum Einsatz kommen. Zum Feuchthalten und Abdecken nach der Reinigung eignen sich zum Beispiel HOCL* Hydro-Gele oder medizinischer Honig. So werden Wunden länger keimarm gehalten, entzünden bzw. infizieren sich kaum noch. Vor allem HOCL* Hydro-Gele, die speziell für den Veterinärbereich bestimmt sind, können eine optimale Basis für die Hautneubildung in der ersten Heilungsphase schaffen. Feucht gehaltene Wunden heilen schneller, da die Zellneubildung in einem feuchten Wundmilieu beschleunigt ist.

> i Durch eine feuchte Wundversorgung beim Pferd wird der Regenerationsprozess der Haut verbessert und die Bildung unschöner Narben verringert.

Mittel zur Wundversorgung

In der nachfolgenden Tabelle finden sich einige der aktuell in der Veterinärmedizin verwendeten Mittel oder Wirkstoffe. Empfehlenswert für die Versorgung nach modernen Grundsätzen ist die Wahl einer Lösung, die nicht brennt und desinfizierende Eigenschaften hat. Um die Wunde phasengerecht zu versorgen, ist eine Reinigungsfunktion wünschenswert. Zum Feuchthalten und Abdecken eignen sich Produkte/Wirkstoffe, die Feuchtigkeit über einen längeren Zeitraum spenden und die verletzte Haut vor äußeren Einflüssen wie Fliegen schützen, indem sie einen luftdurchlässigen Schutzfilm bilden.

Die Tierärztin Deborah Meindl empfiehlt zur Versorgung kleiner Blessuren verschiedene Kombinationen: HOCL*-Spray flüssig und HOCL*-Hydro-Gel oder Polihexanid-Wundspüllösung und medizinischer Honig oder Kolloidales Silber und medizinischer Honig oder Aloe Vera Gel. Zur Behandlung großer Wunden oder bei Wundinfektionen sollte nur in Absprache mit dem behandelnden Tierarzt das passende Mittel oder die passende Kombination gewählt werden.

Mittel beziehungsweise Wirkstoffe zur Wundversorgung

	Produkt/Wirkstoff	Reinigungsfunktion	Spendet Feuchtigkeit	Desinfiziert	Ohne Brennen
Klassisch	Blauspray	Nein	Nein	Ja	Ja
Klassisch	Alu-/Silberspray	Nein	Nein	Ja	Teilweise
Klassisch	Jodsalbe	Nein	Nein	Ja	Teilweise
Klassisch	Zinkspray/-salbe	Nein	Begrenzt	Ja	Ja
Klassisch	Wasserstoffperoxid	Ja	Begrenzt	Ja	Teilweise
Modern	HOCL* flüssig	Ja	Begrenzt	Ja	Ja
Modern	HOCL* Hydro-Gel	Teilweise	Ja	Ja	Ja
Modern	Polihexanid	Ja	Begrenzt	Ja	Ja
Modern	Kolloidales Silber	Ja	Begrenzt	Ja	Ja
Modern	Medizinischer Honig	Nein	Ja	Ja	Ja
Modern	Aloe-Vera-Gel	Teilweise	Ja	Ja	Ja
Modern	Propolisspray	Teilweise	Begrenzt	Ja	Nein
Modern	Kokosöl	Teilweise	Ja	Ja	Ja

*Hypochlorige Säure/Natriumhypochlorit entsteht in modernen Elektrolyseverfahren unter Zugabe von Wasser, Salz und Strom. Bereits erfolgreich in der Wundversorgung im Humanbereich angewendet. Für Pferde können die hierfür speziell entwickelten Lösungen genutzt werden.

Kleine Wunden selbst versorgen

Jede Behandlung einer kleinen Wunde oder Hautverletzung beginnt mit der Erstversorgung. Sie ist sehr wichtig, wenn nicht sogar entscheidend für den gesamten Wundheilungsprozess.

Folgende Materialien und Mittel bereitlegen:

1. Einmalhandschuhe
2. Zwei Mittel zum Reinigen und zum Feuchthalten
3. Fieberthermometer
4. Bei Bedarf zusätzlich: sterile Kompressen, Polsterbinde, selbstklebende Fixierbinde

Schritt 1: Reinigung

Der 1. Schritt ist immer die Reinigung der Wunde. Nur saubere Wunden können heilen. Kleine blutende Wunden können großzügig mit einer Reinigungslösung für Pferde besprüht werden. Starke Verschmutzungen bei Bedarf vorher mit fließendem Wasser entfernen.

Schritt 2: Feuchthalten und Abdecken

Im Anschluss an die Reinigung wird die Wunde feucht gehalten. Idealerweise bildet das verwendete Mittel einen Schutzfilm auf der verletzten Haut, sodass Fliegen, Erreger und Schmutz ferngehalten werden.

Bei Bedarf Schritt 3: Verband anlegen

Ein Verband ist notwendig, wenn die Wunde vor Schmutz, Urin, Kot oder Erregern geschützt werden muss. Dies ist vor allem in den ersten beiden Tagen unbedingt notwendig. Hierzu wird eine sterile Wundkompresse beispielsweise mit einem Hydro-Gel oder mit Honig großzügig benetzt, auf die Wundfläche gelegt, mit einer Polsterbinde umwickelt und mit einer selbstklebenden Binde fixiert.

Phasengerechte Versorgung einer Verletzung am Röhrbein bei einem 14-jährigen Dressurpferd

	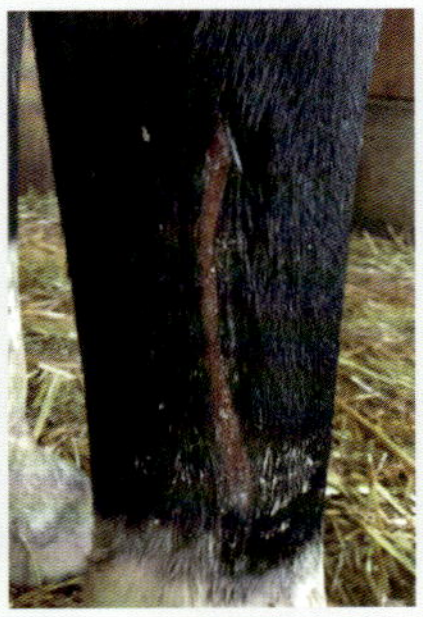	
Phase 1: Reinigung	**Phase 2: Granulation**	**Phase 3: Regeneration**
Bei der frischen Wunde trat punktartig Blutplasma (klare Flüssigkeit) aus, innerhalb von 3 Stunden bildete sich eine dünne Schutzschicht.	Die Wunde ist am 2. Tag verschlossen, das Gewebe granuliert gleichmäßig und die Wundränder verengen sich. Es kam zu keinem Zeitpunkt zu einer Wundinfektion oder einem Einschuss.	Auf dem neu gebildeten Gewebe wächst Fell nach. Es sollte in Fellfarbe nachwachsen. Wundruhe bewahren!
Versorgung: Die Haut 2 x täglich gereinigt und mit dem Gel bedeckt.	Versorgung 1 Woche lang: Wunde 1 x täglich gereinigt und 2 x täglich befeuchtet. Wunde weder berühren noch Salben auftragen.	Versorgung: Der Körper übernimmt diesen Prozess allein bis zur vollständigen Haut- und Fellregeneration.

Scheuerstelle vom Bauchgurt selbst behandelt mit HOCL

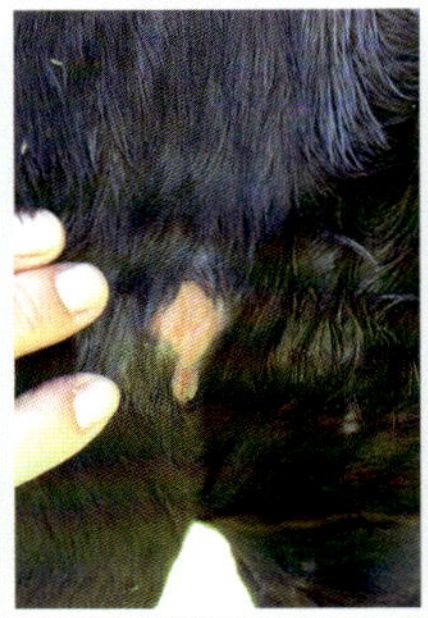	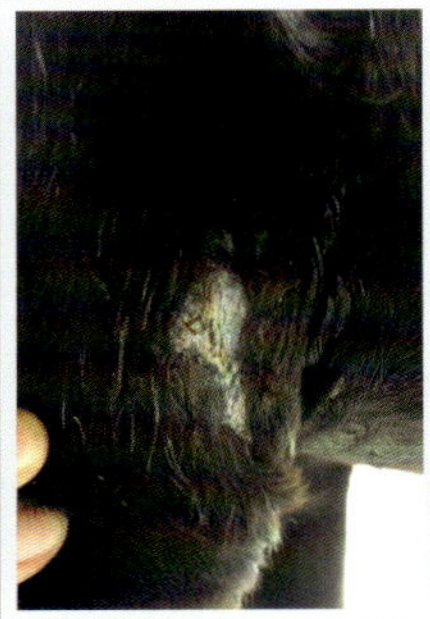	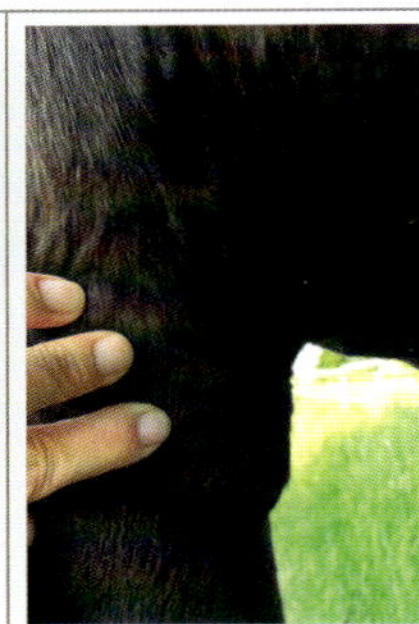
Tag 1–5	**Tag 6–13**	**Nach 3 Wochen**
Versorgung: Die Haut 2 x täglich gereinigt und mit dem Gel abgedeckt.	Komplikationslose Hautregeneration der oberen Hautschichten.	Vollständig verheilt, ohne Narben, ohne weiße Haare.
	Weitere 7 Tage 1x täglich gereinigt und mit Gel abgedeckt.	

Fotos in den Tabellen: Susan Bär

Wann sollte man den Tierarzt rufen?

Bei großen, tiefen Wunden ist eine Versorgung durch den Tierarzt unabdingbar. Auch nach der tierärztlichen Erstversorgung vor Ort kann eine weitere Abklärung in der Klinik notwendig sein wie zum Beispiel bei einer Augenverletzung, bei Brandwunden, Gelenkverletzungen oder bei komplizierten Wunden, wenn mehrere Strukturen verletzt wurden. Daher sollte man an den Pferdehänger und Equidenpass denken, um zeitnah losfahren zu können. Wichtig: Keine Salben, Aluminium- oder Blauspray auf noch zu nähende Wunden geben!

Blutung – stillen oder nicht?

Das früher empfohlene Abbinden bei starken Blutungen an den Beinen sollte der Vergangenheit angehören! Es besteht die Gefahr, dass die abgebundene Gliedmaße komplett von der Blutversorgung abgeschnitten wird. Es können sich Blutgerinnsel bilden. Empfohlen wird ein Druckverband. Ein Abbinden sollte nur nach Rücksprache mit Ihrem Tierarzt erfolgen, wenn ein lebensbedrohlicher Blutverlust droht.

i Bei einem Warmblutpferd (circa 600 Kilogramm) fließen ungefähr 42 Liter Blut durch den Körper. Blutverluste beim Pferd gelten als lebensgefährlich, wenn es etwa ein Drittel seines Blutvolumens verliert. Das Pferd kann somit eine bereits beträchtliche Menge von fünf bis zehn Litern verlieren, nahezu ohne Probleme. Sie sollten vor allem bei Blutungen aus großen Gefäßen „ruhig Blut“ bewahren und zeitnah Erste Hilfe zur Blutstillung durchführen.

Verbandswechsel

Egal, ob der Verband durch den Tierarzt oder durch den Tierbesitzer angelegt wurde, er sollte nach zwölf bis 48 Stunden spätestens gewechselt werden. Bei genähten, chronischen oder entzündeten Wunden übernimmt das meist der Tierarzt. Bei kleineren Wundverbänden kann selbst Hand angelegt werden. Hier immer auf eine gute Abpolsterung achten, dass der Verband nicht in die Haut einschneidet oder sie abdrückt. Immer Einmalhandschuhe tragen und nur sterile Wundkompressen verwenden.

Infizierte Kastrationswunde nach Rücksprache mit dem Tierarzt selbst versorgt mit HOCL*

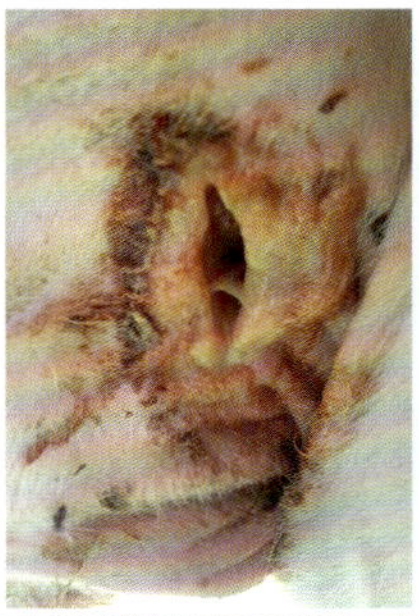	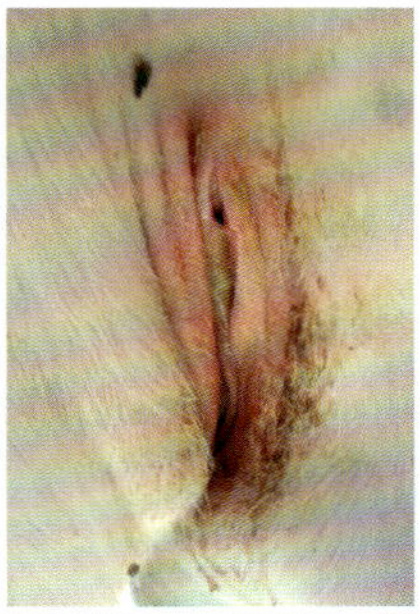	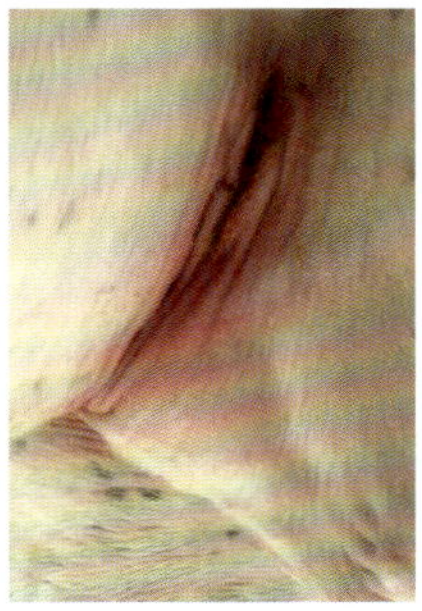
Tag 1	**Tag 2**	**Tag 5–8**
Infizierte Kastrationswunde am 5. Tag nach der OP. Die Wunde wurde an diesem Tag 2 x versorgt.	Einen Tag später ging die Infektion deutlich zurück. Eine Woche lang weiter 2 x täglich versorgt.	Am 5. Tag war die Wunde ohne Infektion und kaum noch schmerzhaft. Die Wunde verschloss sich ohne weitere Komplikationen. Wundruhe ab dem 8. Tag nach Behandlungsbeginn. In diesem Fall war keine weitere Versorgung von außen notwendig.

Chronische und entzündete Wunde

Für infizierte, schlecht heilende oder chronische Wunden ist eine individuelles Wundmanagement notwendig, je nach Heilungsphase. Bedenke immer: Nur saubere Wunden können heilen. Nur bei sauberen Wunden kann die zweite Heilungsphase beginnen. Deshalb spült der Tierarzt solche Wunden intensiv und desinfiziert sie. Zudem kann ein Débridement erfolgen. Nekrotisches Gewebe oder wildes Fleisch wird chirurgisch entfernt. Das Prinzip der feuchten Wundbehandlung unbedingt anwenden.

Zusätzliche Unterstützung

Je nach Größe und Schwere der Verletzung ist eine zusätzliche innerliche Stärkung ratsam. Ob und welche innerliche Antibiose, liegt in den Händen des Haustierarztes. Verletzte Pferde brauchen zeitweise mehr Mineralstoffe, Spurenelemente und Aminosäuren, zum Beispiel zur Unterstützung der Zellregeneration mit Zink und/oder Zeolith, sowie eine Stärkung des Immunsystems, unter anderem mit Propolis, Ingwer, Zistrose. Auch eine begleitende lokale Lasertherapie, Magnetfeldtherapie sowie Bewegung im Schritt können die Heilung zusätzlich fördern.

In der Veterinärhomöopathie gilt Arnika als grundlegendes Wundheilmittel, Calendula bei Hautabschürfungen, Risswunden, klaffenden Wundrändern, Staphysagria bei Schnittwunden oder Ledum bei Bisswunden.

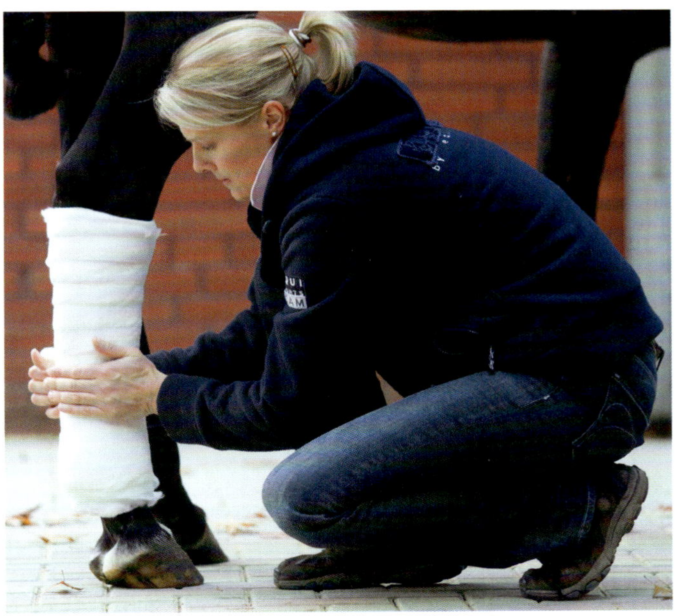

Bei großen Wunden sollte der Tierarzt die Wunde versorgen, bei kleineren Wunden kann der Tierbesitzer den Verband anlegen. *Foto: Christiane Slawik*

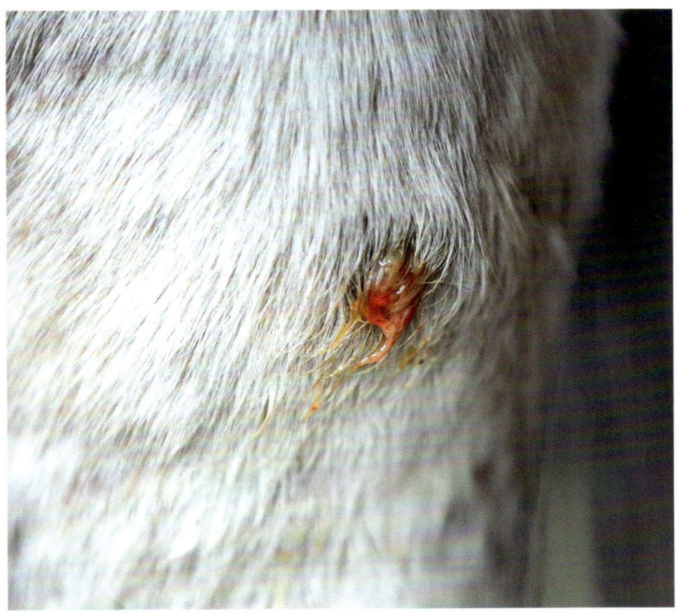

Jede Infektion bei einer selbst versorgten Wunde ernst nehmen und Eiter aus der Wunde reinigen und gegebenenfalls mit einem Verband sauber halten. *Foto: Christiane Slawik*

Tierärztin Dr. Katharina Mang, Equine Rehabilitation Center, Oggelshausen:

Versorgung einer infizierten Wunde eines sechsjährigen Nachwuchsspringpferdes

Beim Versuch, sich aus den Gitterstäben zu befreien, erlitt die Stute zahlreiche Wunden durch Wegrutschen beim Aufstehen.

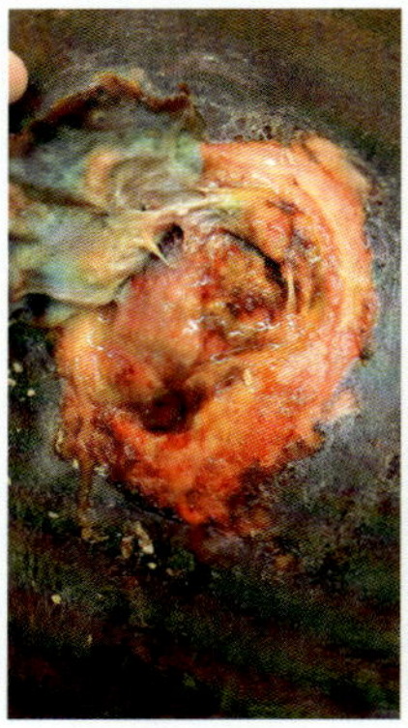		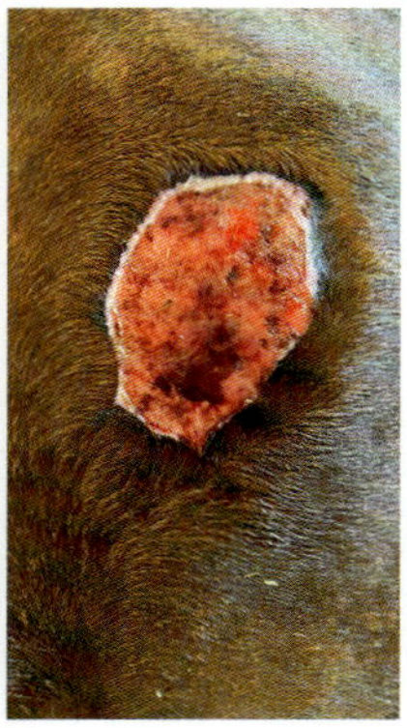
Behandlungsbeginn	**Phase 1 + 2: 5 Tage nach Behandlungsbeginn**	**Phase 2 + 3: 4 Wochen nach Behandlungsbeginn**
Befund bei Behandlungsbeginn: handflächengroße eitrige Wunde nahe dem Hüfthöcker unter nekrotischem Hautlappen. Die Wundheilung kann durch die Infektion bis in tiefe Schichten sowie die Präsenz von nekrotischem Gewebe nicht voranschreiten.	Stark reduzierte Wundinfektion (leichtes Nässen in der Mitte), die Wunde ist weniger tief, Granulation schreitet voran, kaum noch schmerzhaft, Wundränder ziehen sich zusammen.	Die Wundfläche wird deutlich kleiner. Die Wunde ist nicht mehr infiziert. Heilung verläuft weiter normal, ohne Bildung von wildem Fleisch.
Versorgung in der 1. Heilungsphase: chirurgische Entfernung des nekrotischen Gewebes, gründliche Reinigung der Wunde mit Jodlösung, anschließend 2 x täglich mit HOCL* flüssig und HOCL*-Gel gepflegt, Bemer physikalische Gefäßtherapie und systemische Antibiose.	Versorgung: 2 x täglich Reinigung und Feuchthalten, zusätzlich 3 x tägliche Behandlung mit Bemer physikalische Gefäßtherapie. Nachts feuchter Verband mit Hydro-Gel, Antibiose weiter bis Tag 7.	Versorgung: 1–2 x täglich Reinigung und Feuchthalten sowie Bemer physikalische Gefäßtherapie, keine weitere Antibiose notwendig.

Narbenpflege

Vorbeugen ist besser als heilen. Dies gilt besonders für Narben. Mit der feuchten Wundpflege kann einer überschießenden Narbenbildung sowie der Bildung von wildem Fleisch effektiv vorgebeugt werden. Ein Hydro-Gel zum Beispiel mit HOCL* eignet sich äußerlich zur sanften Massage von Narben oder zur Massage mit mäßigem Druck von Verdickungen durch verfilztes Fasziengewebe um die geschlossene Wundfläche herum. APM-Creme – sparsam angewendet – eignet sich zum Entstören von alten Narben, die sich kalt anfühlen.

Last but not least

Auch bei einer kleinen Wunde verbraucht man Einmalhandschuhe, Mittel, sterile Kompressen … – manchmal mehr, als man zu Beginn der Verletzung angenommen hat. Umso wichtiger ist es, frühzeitig die verbrauchten Mittel und Materialien wieder aufzufüllen, um nicht in Verlegenheit zu kommen, Salben, Cremes und Co. auf frische Wunden zu schmieren, von denen gerade noch Reste vorhanden sind.

Denn Wunden müssen nicht mehr nach dem Prinzip „Versuch und Irrtum“ versorgt werden. Entscheiden Sie sich für eine funktionierende Kombination und haben Sie diese immer vorrätig. Denn Sie wissen nun: Sofort sprühen hilft am besten!

Susan Bär widmete sich nach dem Studium der Betriebswirtschaft und der Tätigkeit in der Industrie der Tier-Naturheilkunde. Ein Reitunfall brachte sie auf den neuen Weg. 2012 absolvierte sie erfolgreich die Ausbildung zur Tierheilpraktikerin und energetischen Pferdeosteopathin (EPOS). Sie ist spezialisiert auf die Entsäuerung von Mensch und Tier, erstellt pferdegerechte Futterpläne und ist HORSE Bodyforming Instruktorin. Ihr Spezialgebiet Wundversorgung für Tiere liegt ihr besonders am Herzen. Hier gibt die Fachfrau ihre Erfahrungen und wissenschaftlichen Erkenntnisse in Fachzeitschriften und Vorträgen an Tierbesitzer und Therapeuten weiter.
www.susan-baer.de

Wer mehr zum Thema „Moderne Wundpflege beim Pferd“ wissen will:
www.youtube.com/watch?v=gd3_NLXfZT4

Eco Hoof Print

In der Pferdewelt gibt es immer mehr Produzenten, die die Umwelt schützen wollen und sich über regionale, wiederverwertbare und vor allem nachhaltige oder gesundheitsfördernde Produkte für Ihr Pferd Gedanken machen. Wir wollen diese Produkte vorstellen – zum Wohl der Pferde.

In uralten Zeiten, als es noch keine Wundversorgung mit Jod oder vergleichbaren Desinfektionsmitteln gab, wurde Silberwasser oder, besser gesagt, Kolloidales Silber zur Wundversorgung verwendet. Auf der einen Seite gab es nichts, das sonst wirkte, auf der anderen Seite war es ein natürliches Mittel. Seit Einführung von Penicillin und Antibiotika ist Kolloidales Silber fast in Vergessenheit geraten. In der Heilkunde jedoch wird es seit einigen Jahren wieder eingesetzt.

Altes Heilmittel – Kolloidales Silber

Kolloidales Silber ist eine rein natürliche Substanz, die schon seit Jahrhunderten Anwendung findet. Beispielsweise legte man früher eine Silbermünze in die Milch, um deren Haltbarkeit zu verlängern. Oft wird das Kolloidale Silber als Silberwasser bezeichnet. Im Gegensatz zu synthetisch hergestellten Stoffen besteht kolloidales Wasser aus Silberionen oder Silberteilchen, die in destilliertem Wasser gelöst wurden. Durch seine Reinheit ist es zu einem wichtigen Teil der natürlichen Pflege und der Alternativmedizin geworden. Auch allergische Tiere profitieren von dem Einsatz.

Zur sanften Pflege – Silbercreme

Aus kalt gepressten, rein pflanzlichen Ölen als Cremebasis, ergänzt mit Silber, wirkt die Silbercreme zur Stabilisierung der Barrierefunktion der Haut und zur Förderung der Regeneration. Sie kühlt die Haut und lindert, wirkt aber auch bei Juckreiz und Irritationen und pflegt sensible Hautpartien. Die Silbercreme ist ein Pflegeprodukt für Pferde, aber auch für Hunde und Katzen. Silber unterstützt die Wundheilung auf natürlichem Wege, bei Juckreiz oder Insektenstichen wird eine Linderung geboten. Durch die Zusammensetzung wird die Regeneration gefördert, die Haut gegen äußere Einflüsse widerstandsfähig gemacht und gleichzeitig gepflegt.

Optimaler Schutz und milde Reinigung wird nur durch naturbasierte Produkte geboten. Bei der Entwicklung der PerNaturam Produkte stehen Pflege, Sicherheit und Natürlichkeit im Fokus, die mit ausgewählten Naturwirkstoffen (basierend auf Fachwissen) kombiniert werden.
www.pernaturam.de

Fotos: PerNaturam

Nähere Informationen zum Kolloidalen Silberwasser:
www.pernaturam.de/kolloidales-silberwasser-50-ppm-m7162

Nähere Informationen zur Silbercreme:
www.pernaturam.de/silbercreme-m7157

PerNaturam

10 % auf das gesamte Pflegesortiment

mit dem Rabattcode

F9A0145C9F

Gültig vom 27.10. bis 31.12.2022 einmalig einzulösen pro Adresse. Nicht mit anderen Rabatten kombinierbar!

CAVALETTITRAINING – KLASSISCH BODENSTÄNDIG

Paddocktalk mit Horst Becker

von Kirsten Fleiser

Wer reiten will, braucht ein Pferd, das auch körperlich in der Lage ist, seinen Reiter zu tragen. Dazu gehört ein Aufbautraining, das Schritt für Schritt den Rücken schult. Dabei spielen Werkzeuge eine Rolle, von denen man in den letzten Jahren immer weniger sieht – Cavaletti. Ausbilder wie Horst Becker, der Aufbautraining auf Körper und Geist des Pferdes ausrichtet, setzen Cavaletti gern ein, und Kirsten Fleiser hat ihm zuhause beim Cavalettitraining zugesehen.

Bei seiner Herangehensweise an die klassische Arbeit besteht für Horst Becker die einzige Konstante darin, konsequent seinem Credo zu folgen: „Die tatsächliche Vorgehensweise in der einzelnen Einheit bestimmt genau das Pferd, mit dem ich gerade arbeite."

Dafür legt er jedes Mal zu Beginn ein virtuelles Netz über das Pferd, das es ihm ermöglicht, das einzelne Tier genau zu lesen und immer den aktuellen Status quo zu berücksichtigen.

Seine jahrzehntelangen Beobachtungen als Pferdetrainer zeigen bei neun von zehn Pferden große Defizite in der Tragemuskulatur des Rückens sowie dessen Lockerheit. Standardmäßig sind diese beiden die ersten Baustellen, an denen er arbeitet, selbst wenn im Endeffekt Piaffen, Traversalen, fliegende Galoppwechsel oder entspannte Geländeritte das Ziel des Pferdebesitzers sind.

Der Wunschliste des Reiters widmet er sich erst, wenn die Voraussetzungen dafür beim Pferd geschaffen wurden – und beim Menschen natürlich auch. Dabei folgt er keiner vorgegebenen Übungsabfolge, die schematisch durchlaufen wird. Pferde sind von Natur aus keineswegs zum Reiten gemacht. Deshalb gilt für Horst Becker, die Pferde zunächst so aufzustellen, dass die von ihnen verlangten Übungen gut absolviert werden können. Der Fokus auf die Körperlichkeit des Pferdes gibt ihm dabei den Trainingsweg vor. Er schöpft aus einer großen Werkzeugkiste, wobei er wie jeder Pferdetrainer bestimmte Werkzeuge bevorzugt, selbst wenn mehrere funktionieren und zum selben Ergebnis führen. Deshalb schaut er genau hin und entscheidet, welches Instrument weiterhilft. Damit startet er dann den Prozess der Pferdeausbildung, langsam und stetig.

Für Horst Becker ist Pferdeausbildung wie eine Treppe, bei der die unteren Stufen tief genug sein müssen. Man steigt auf die erste drauf und bleibt dort erst mal gaaaaanz lange, bevor die nächste kommt. Diese Treppe zu erklimmen ist ein Prozess. Dafür entwickelt er ein individuelles Startritual. Egal, ob er sich für Longe, Doppellonge oder Sattel entscheidet – dieses steht dann jeden Tag auf dem Programm und wirft beizeiten die ersten

Foto: Kirsten Fleiser

Herkömmliche Cavaletti sind aus festem Holz. Horst Becker verwendet eine Variante aus biegsamem Rattan. *Fotos: Kirsten Fleiser*

Ergebnisse ab. Der Ausgangspunkt ist immer bei null, nur der Weg von null bis zehn wird immer schneller, wodurch mehr Zeit und Raum entsteht für Neues.

Wenn Horst Becker Pferde bei sich im Beritt hat, ist er in der Lage, bei diesen das Ritual konsequent umzusetzen. Sind die Pferde dauerhaft bei ihren Reitern, kommt es leider öfter zu Unterbrechungen, weil eben doch der Wanderreiturlaub ansteht oder unbedingt für das Weihnachtsreiten geübt werden muss, auch wenn das Pferd noch nicht durchs Genick geht und besser nur longiert würde. Kommt er dann wieder zum nächsten Kurs- oder Unterrichtstermin, fängt er meistens drei Schritte vorher wieder an. Deshalb nutzt er die Kombi aus Kursen und Online-Training, weil er so die Pferd-Mensch-Paare näher begleitet und diese folglich auf Spur bleiben.

AUFBAUTRAINING MIT CAVALETTI

Dafür muss zuerst das Fundament geschaffen werden und die Pferde durchlaufen zunächst die HB-Rückenschule. Dabei kommen auch Trainingsgeräte zum Einsatz, die in Zeiten von blau-gelben Gassen, Horse Agility und Trailstationen mittlerweile eher ein Stiefmütterchen-Dasein fristen – Cavaletti.

Zunächst zum Begriff – dieser stammt aus dem Italienischen und wird dort mit Doppel-l geschrieben. Mögliche Wortbedeutungen sind Staffelei, Zimmermannsbock, Ständer und Stativ. Die Verbindung zum Wort Cavallo, sprich Pferd, liegt nahe – schließlich stehen beide mit jeweils vier Beinen auf dem Boden. Tatsächlich sind Cavaletti – auch Bodenricks genannt – ein kleines Hindernis mit zwei Seitenteilen und einer circa 3 Meter langen Querstange, wobei diese fest verankert ist und dadurch bei Kontakt nicht runterfallen kann. Eher bewegt sich das ganze Konstrukt. Allen Modellen, gleich ob aus Holz, Metall, Kunst- oder Schaumstoff, ist gemein, dass auch in der niedrigsten Einstellung die Stange, anders als beim Stangentraining, immer über dem Boden schwebt. Die höchste Einstellung beträgt dabei maximal 50 Zentimeter, die das Pferd überwinden muss.

Cavaletti kitzeln die Schwebephase heraus. *Foto: Kirsten Fleiser*

Horst Becker nutzt für sein Training eine selbst gebaute Variante nach dem Design, das schon seit Jahrzehnten im Schweizer Nationalzirkus Knie zum Einsatz kommt. Diese besteht aus Metall für die Verbindungsstücke und für alle Stangen Rattan. Letzteres ist im Gegensatz zu Holz sehr leicht und – anders als Bambus – flexibel und splitterfrei. Diese Eigenschaften verhindern Schmerzen und Verletzungen beim Pferd.

Rattanlieferant sind getrocknete Lianen, weshalb der Durchmesser der Rohre geringer ist als bei klassischen Hindernisstangen aus Holz oder Kunststoff. Deshalb sind die Cavaletti auch leicht zu tragen. Die Höhe der Stange variiert insgesamt um circa 10 Zentimeter von der niedrigsten zur höchsten Position, wobei die Überlaufhöhe circa 25 Zentimeter beträgt.

Tatsächlich startet die Arbeit mit Bodenricks zur Gewöhnung des Pferdes immer mit einem einzelnen auf niedrigster Stufe. Das Pferd geht im Schritt darauf zu und darüber, auf beiden Händen und sowohl auf gerader als auch gebogener Linie. Danach werden weitere Cavaletti hinzugenommen und variieren in der Höhe zum Drübersteigen.

TIPP

Damit die Longe nicht an den Seitenständern der Cavaletti hängen bleiben kann und auch um das Pferd selbst mehr in Aufrichtung zu bringen, einfach die Longe von unten mit der Peitsche anheben.

Nach einigen Runden über die Cavaletti löst sich das Pferd und lässt Kopf und Hals fallen. *Foto: Kirsten Fleiser*

SCHRITTFOLGE UND ABSTÄNDE

Für Horst Becker erfolgt die eigentliche Trainingsarbeit nach Desensibilisierung und Aufwärmen ausschließlich in den Gangarten Trab und Galopp. Dafür setzt er maximal sechs Cavaletti pro Einheit ein. Die Abstände zwischen den einzelnen Stangen richten sich dabei nach mehreren Gesichtspunkten:

- nach dem jeweiligen Pferd selbst, genauer gesagt, dessen individueller Länge der Schritte, Tritte und Sprünge,
- nach der Gangart, in der gearbeitet wird.

Als Maßeinheit nimmt Horst die seitliche Breite der einzelnen Cavaletti. Im Schritt beispielsweise die zweifache Breite, in dem er eine Cavaletti daneben stellt und neben die er eine damit gemachte Markierung hebt. Er startet zumeist mit einer Tiefe, die zwei Kreuzen entspricht.

- Falls mehr Dehnung beziehungsweise eine Verlängerung/Rahmenerweiterung gewünscht ist, weiter auseinander, damit das Pferd mehr gefordert ist, um noch ohne Kontakt drüberzukommen.
- Um die Abstände vorab zu bestimmen, kann auch ein in die Ecke gelegter Stangenfächer genutzt werden.
- Für die Arbeit an der Longe bevorzugt Horst Becker die „Manege", sprich einen Round Pen.

LÖSENDE ARBEIT

Für Horst Becker geht es bei der Cavalettiarbeit keineswegs vordergründig um das Heben der Beine, auch wenn die Tritte dadurch kadenzierter wirken und das Laufen über Cavaletti die Muskulatur stärker beansprucht als über lediglich flach auf dem Reitboden liegende Stangen. Zu seiner Ausbildungsphilosophie gehört es, auch bei jungen oder noch unausgebildeten Pferden erst dann mit dem Reiten zu starten, wenn das Pferd das Training über die Cavaletti problemlos absolviert.

Das Cavalettitraining erhält durch die vielen Kombinationsmöglichkeiten eine ganz andere Qualität und Dynamik. Dabei wird natürlich nicht an der Trense, sondern mit Kappzaum oder Halfter longiert. So war besonders schön zu sehen, dass schon nach ein paar Runden über das Ständerwerk das Pferd Kopf und Hals tief fallen ließ. Um zu zeigen, wie fein die Verbindung zwischen Horst Becker und seinem Pferd ist, hat er die Longe lediglich in den „Nippel" eingehakt, der normalerweise den Sperrriemen fixiert. So longiert er zwar an der Trense als Kopfstück, nur eben nicht am Gebiss.

Mit dem Reiten entstehen dann noch mehr Trainingsvarianten über die Cavaletti, die an der Longe oder Doppellonge nicht so fließend umgesetzt werden können.

SINNVOLLE AUSRÜSTUNG

In seinem Cavalettitraining setzt Horst Becker regelmäßig noch weitere von ihm entwickelte Ausrüstungsgegenstände ein, sowohl einzeln als auch in Kombination. Bei der gerittenen Version ist es das BodyMovePad, eine druckentlastende Satteluntertage für mehr Bewegungsfreiheit der Muskulatur und der Schulter.

Beim Longieren nutzt er einen speziellen Longiergurt, der aus zwei separaten Seitenteilen besteht, die mit einem Metallbügel verbunden sind. Die Konstruktion ermöglicht die Anpassung, die Steilheit und die Bemuskelung der Schulter und folgt dieser in der Bewegung oder gibt ihr nach. In seinem Training verwendet er auch einen sogenannten Gymnastikzügel. Der Wirkungsgrad ist wie der einer tragenden Hand und es war klar erkennbar, dass sich die Pferde frei nach rechts und links sowie nach oben und unten bewegen konnten.

SICHERHEITSHINWEISE ZUR AUSRÜSTUNG

Nicht jeder ist ein Profi wie Horst Becker, deshalb sollte bei der Cavalettiarbeit immer auf die Sicherheit geachtet werden. Die meisten Cavalettimodelle sind sehr massiv und haben herausstehende Teile, die allesamt weniger nachgiebig sind als der Körper des Reiters. Daher empfiehlt sich insbesondere für die gerittene Version das Tragen eines Helms und gegebenenfalls einer Sicherheits- respektive Sturzweste. Für die Arbeit an Longe und Doppellonge gehören Handschuhe zum Standard.

Damit auch das Pferd beim Kontakt mit Stange und Ständerwerk möglichst geschützt ist, sollte es bandagiert werden oder, noch besser, Gamaschen oder Springglocken tragen. Nicht zuletzt sollte der Reitplatzboden genügend Gripp für die Hufe bieten, da hier durchaus der ein oder andere Hopser erfolgen kann.

www.horstbecker.com

Im Round Pen stehen die einzelnen Cavaletti innen enger zusammen als am Rand.
Foto: Kirsten Fleiser

Kirsten Fleiser, studierte Versicherungsbetriebswirtin aus Köln, wandte sich nach einem Sabbatjahr in spanischen Reitbetrieben immer mehr der Gesunderhaltung von Pferden zu. Es folgten Qualifizierungen zur zertifizierten Trainerin für Dual-Aktivierung® und Equikinetic® sowie zur APM-Therapeutin nach Penzel für Pferde und zur equinen Bowen-Anwenderin. Neben ihrer Moderatorentätigkeit setzt sie sich insbesondere auf Mallorca für die Verbreitung von pferdefreundlichem Wissen ein.
www.caballance.de

Horst Beckers Buch zum Mythos Paraden:

Paraden richtig reiten
Das Mysterium der Hilfengebung
von Horst Becker
144 Seiten, 24 cm x 27 cm, Hardcover
ISBN: 978-3-95847-002-6
€ 39,90 (D)

crystal-verlag.com/produkt/paraden-richtig-reiten-horst-becker/

Interview mit Horst Becker

Fotografie: Marion Flemming

Horst Becker: HB, Natural Horse: NH

NH: Welche Vorteile hat das Cavalettitraining?

HB: Im Rahmen der Ausbildung junger oder untrainierter Pferde als Teil meiner Rückenschule hat das Cavalettitraining vornehmlich eine lösende Wirkung. Gleichzeitig ist es damit möglich, Kondition zunächst ohne Einwirkung des Reiters gewichtsfrei aufzubauen. Ebenfalls bessert sich durch unterschiedliche Höhen und Abstände in den verschiedenen Gangarten die Koordination zwischen Auge und Hinterhand. Das Pferd lernt zu taxieren, was nicht nur fürs Springen, sondern schon für Ausritte über Stock und Stein wichtig ist.

NH: Was wird durch die Cavalettiarbeit beim Pferd gefördert?

HB: Der mit Abstand wichtigste Effekt ist die Förderung der Psyche des Pferdes. Sofern ein Pferd das noch nie gemacht hat und auch noch unbalanciert ist, braucht es schon einen gewissen Mut, darauf zu- und drüberzulaufen beziehungsweise im Galopp auch mal zu springen. Die Minihindernisse erfordern blitzschnelle Lösungen, wenn der Abstand mal nicht zu 100 Prozent passt.

NH: Worauf kommt es dir beim Pferdetraining an?

HB: Reiten oder besser gesagt Gerittenwerden ist keine natürliche Aufgabe des Pferdes, weil es dafür schlicht nicht konstruiert ist. Wenn ich mein Tier gesund erhalten will, funktioniert das genauso, wie wenn ich selbst zu einem Personal Trainer gehe. Dieser erstellt mir einen Trainingsplan mit Aufgaben, die ich abarbeiten kann. Mit anderen Übungen, als ich sowieso in meinem Alltag mache. Sobald die erste Liste abgearbeitet ist, bekomme ich eine neue, und so entwickelt sich das weiter. Jeder Reiter ist im Grunde der Personal Trainer seines Pferdes. Die Leute müssen erkennen, dass zum Beispiel beim Ausmerzen der Rumpfträgerschwäche, die momentan in aller Munde ist – und die auch zutrifft –, oft gehandelt wird, wie wenn ich ins Fitnessstudio gehe und sage: Mein Bauch muss weg, und beim Checkout nach meiner Sporttasche greife und meine Bauchmuskulatur nicht zwickt. Dann habe ich sie lediglich bewegt, nur eben nicht beansprucht.

NH: Die Freiheitsdressur ist dein Hobby. Wie frei ist das Pferd dabei oder wie frei darf es dabei entscheiden?

HB: Im Endeffekt soll man das Pferd in der Freiheit zu einem Tun führen können. Dafür habe ich Ziele und Zwischenziele, auf die ich hinarbeite und an deren Ende das Pferd die Übung völlig frei ausführt. Mein Lusitanohengst Armani war für Dreharbeiten völlig frei auf einem Marktplatz unterwegs. Allerdings nicht frei in der Entscheidung, was er dort tun darf. In der Philosophie meiner Ausbildung ist Freiwilligkeit fester Bestandteil.

NH: Was möchtest du unseren Lesern unbedingt ans Herz legen?

HB: Mir ist wichtig, dass ein Pferd – und speziell das Freizeitpferd – kein Spielgenosse ist, sondern ein Athlet. Als solcher braucht es sowohl eine geistige als auch körperliche Aufgabe, wobei letztere den Vorrang hat, insbesondere, wenn das Pferd geritten wird. Die „Philosophie“, zu sagen: „Ich habe mein Pferd im Offenstall stehen, deshalb muss ich es nicht mehr so viel reiten, weil es sich ja selbst bewegen kann, und am Wochenende setze ich mich drauf und bin drei Stunden im Gelände unterwegs“, ist leider alles andere als pferdefreundlich. Bewegung allein ersetzt kein Training.

Vita Horst Becker

Wissen ist die Basis für Kreativität.

Foto: Kirsten Fleiser

Ende der Sechzigerjahre in der Nähe von Heidelberg geboren, hatte Horst schon als Sechsjähriger den Plan, später einmal in der Lüneburger Heide mit Pferden zu arbeiten – und wurde dafür belächelt. Im Alter von elf Jahren kaufte der kleine Rebell gegen den Willen seines Vaters sein erstes Pony.

Nach Abschluss seiner Ausbildung zum Kfz-Schlosser baute er dann konsequent den Viehbetrieb seiner Eltern um – in eine der ersten Pferdepensionen mit Paddockboxen im süddeutschen Raum.

Mit neunzehn zog es ihn für zwei Jahre in die Provence, wo er in der Camargue die Gebrauchsreiterei von der Pike auf wie ein Schwamm in sich aufsog. Danach ging es für ihn nach Norddeutschland, wo er fünfzehn Jahre lang Pferdehöfe leitete. In dieser Zeit war er stets willkommen bei seinem Quasinachbarn Claus Penquitt. In Reken öffnete ihm keine Geringere als Ursula Bruns das Tor zu seinem späteren langjährigen Mentor, Fredy Knie senior. Von da an verbrachte Horst fast die Hälfte des Jahres im Zirkus in Rapperswil am Zürichsee. Dort erlernte er vor allem die Freiheitsdressur und den respektvollen Umgang mit Pferden. In seiner weiteren Entwicklung schloss sich die Zeit mit Kurt Albrecht an der Wiener Hofreitschule an. Dieser gab ihm die einzelnen Handwerkszeuge für das Pferdetraining mit auf seinen Weg. Noch Jahrzehnte später hätte sich der Kreis zur Autorin der Immenhof-Bücher fast geschlossen, als Horst, dessen Vorbild der Charakter *Herr Roth* war, die Möglichkeit hatte, Chef des Reitbetriebs an dem Drehort Gut Rothensande zu werden.

Es folgten fast zwanzig Jahre Nomadendasein, in denen Horst aufgrund seiner europaweiten Trainertätigkeit zeitweise keine eigenen Pferde halten konnte. Das von ihm gegründete *Haus der Dressur* war zwischen Münsterland und Bodensee an wechselnden Standorten im deutsch- und französischsprachigen Raum ansässig. Sogar nach Spanien hatte er seine Fühler ausgestreckt. Die vorerst letzte Station war eine Anlage im schweizerischen Gstaad. Parallel dazu war er über fünfzehn Jahre mit dem von ihm ins Leben gerufenen *Expertenforum Pferdgerecht* auf den führenden Pferdemessen präsent. Diese Plattform hat einem breiten Publikum Zugang zu pferdefreundlichem Wissen verschafft.

Dann kam Corona, und seit 2019 ist er – ganz wie er es vorhergesagt hatte – mit seinem Ausbildungs- und Trainingszentrum nahe Lüneburg sesshaft und sozusagen zu einer echten „Heidschnucke“ geworden. Im Reitstall über der Ilmenau bildet er aktuell die ersten HB-Classic-Trainer aus. Dieses von ihm entwickelte Konzept, altes Wissen in die heutige Zeit zu transportieren, bereitet für Quereinsteiger und Profis gleichermaßen wertvolle Inhalte praxisorientiert auf. Ebenfalls bietet Horst bei sich auf dem Hof Beritt, gibt extern sowie online Unterricht, veranstaltet Kurse und vertreibt Produkte rund ums Pferd.

Zu seinen ganz persönlichen Zukunftsprojekten zählen regelmäßiger Unterricht bei Richard Hinrichs und die Arbeit an seinem neuen Buch – ein Praxiswerk über seine Trainingsphilosophie, das voraussichtlich im Herbst 2023 erscheinen wird.

Oberstes Gebot für Horst Becker: Das Training muss auf das Pferd angepasst werden. Seine Philosophie: kleinschrittig, pferdefreundlich, klassisch.

Eingehüllt in der Sicherheit der Gruppe,
kannst du unser Kraft in dir aufnehmen
und die Liebe, die in uns allen steckt,
fühlen – zu jeder Zeit.

Foto: Christiane Slawik

Verhaltensauffälligkeiten beim Pferd

durch unpassenden Sattel

von Jochen Schleese, Sattlermeister und Sattelergonom®

Foto: Christiane Slawik

Das Pferd versucht den Reiter zu beißen, wenn er den Sattelgurt anzieht, es drückt den Rücken durch und legt die Ohren an, wenn dieser aufsitzt, oder es buckelt beim Reiten. Wenn das Pferd sonst ein umgänglicher Zeitgenosse ist, sollte man beobachten, wann diese Verhaltensauffälligkeiten auftreten. Wenn es immer in Situationen geschieht, in denen der Sattel eine Rolle spielt, könnte es ein Zeichen dafür sein, dass dieser unpassend ist.

Viele Artikel, die in letzter Zeit in Pferdemagazinen erschienen sind, haben sich damit beschäftigt, „wie man hektische Pferde ruhiger bekommt"; „wie man ein Pferd trainiert, das immer stolpert"; oder „wie man sein Pferd dazu bringt, vorwärtszugehen" und so weiter. Tausend Tipps, wie man Auswirkungen bekämpft, ohne die Ursache richtig darzustellen. Negative und unerwünschte „Verhaltensweisen" Ihres Pferdes können auf einen schlecht sitzenden Sattel zurückzuführen sein, der die Reflexpunkte beeinflusst und eher einfache instinktive Reaktionen als bewusste Verhaltensweisen hervorruft. Diese Artikel scheinen alle auf die Tatsache hinzuweisen, dass diese Indikatoren das Ergebnis

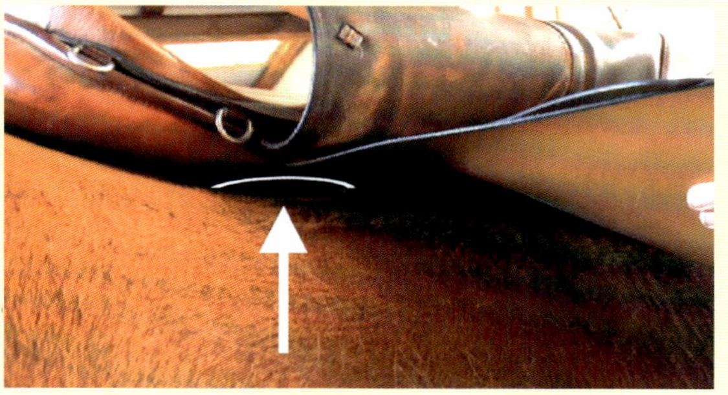

Ein unpassender Sattel drückt auf Reflexpunkte entlang der Wirbelsäule und verhindert die Bewegungsfreiheit. Das führt zu Schmerzen, die dann auch zu psychischen Problemen beim Pferd führen und sich in Verhaltensauffälligkeiten ausdrücken können. *Fotos: Jochen Schleese Saddlery*

eines Reiterfehlers sind, und versuchen, Korrekturen vorzunehmen, indem sie entweder Lösungen zur Änderung des Reiterverhaltens anbieten oder – was noch drastischer ist – einen Tierarzt hinzuziehen, der die Probleme mit Medikamenten beheben soll. Natürlich kann ein Anfänger oder ein unausgeglichener Reiter, der in einem schlecht sitzenden Sattel sitzt, definitiv einige dieser Probleme verursachen. Ein gut sitzender Sattel hilft selbst einem Anfänger, das richtige Gleichgewicht und die richtige Position zu erreichen und hoffentlich Probleme, die entstehen können, zu beseitigen.

Manchmal gibt es absolut stichhaltige psychosomatische Gründe für einige dieser Dinge oder Krankheiten, die diese Art von Verhalten (oder sogar Lahmheit) verursachen, aber bevor Sie auf teure tierärztliche oder „neurowissenschaftliche“ Behandlungen zurückgreifen, sollten Sie in eine einfache diagnostische Bewertung Ihrer Sattelpassform durch einen qualifizierten Sattelanpasser investieren, der sich mit der Biomechanik und Anatomie von Pferden auskennt und weiß, welche Folgen es für Ihr Pferd hat, wenn der Sattel nicht richtig sitzt.

Viele Menschen sind sich einig, dass Pferde sich nicht bewusst schlecht verhalten. Sie reagieren auf Außenreize – entweder ein schlecht sitzender Sattel oder ein inkompetenter oder untrainierter Reiter kann auch Abwehrreaktionen verursachen. Wie und wo das Gewicht des Reiters getragen wird, kann einen großen Unterschied ausmachen.

Mein Pferd ist gefährlich – stimmt das?

Werden Hilfen des Reiters missverstanden oder diese falsch beziehungsweise grob gegeben, ist das Resultat meist ein schlecht zu händelndes oder sogar ein Pferd, das gefährlich für den Reiter sein kann. Pferde können ein widerspenstiges oder ausweichendes Verhalten entwickeln, weil der Reiter nicht weiß, wie er zu dem ihm vorschwebenden Ergebnis kommen kann. Ist dies der Fall, sollte man immer bedenken, dass dies kein von Haus aus „böses“ Pferd ist – es ist einfach ein Pferd, das sich schlecht verhält. (Aber, wie es auch gemeine Menschen auf dieser Welt gibt, gibt es auch das gelegentlich anzutreffende einfach „gemeine Pferd“). Einige der „strategischen Verhaltensweisen“, die Pferde an den Tag legen, haben sich zu dem entwickelt, was Menschen als „stereotyp“ bezeichnen – aber das sind keine Laster, denn Laster würden bedeuten, dass das Pferd Schuld hat.

Das Treten an die Wand, das Gehen oder Weben, das Scharren oder Graben und das Beißen in das Holz der Tür gelten als Laster, die durch Langeweile in der Box verursacht werden. Um die Häufigkeit dieses Verhaltens zu verringern, könnten Sie versuchen, eine weitere Mahlzeit einzuführen, Spielzeug in die Box zu stellen oder mehr Raufutter oder Auslauf zur Verfügung zu stellen. Holzkauen, Fressen von Einstreu oder Schmutz und Selbstverstümmelung werden durch Bewegungsmangel oder Langeweile verursacht. Aber auch Ernährungsmängel können diese Untugenden verursachen. Um diese Ursache auszuschließen, sollten Sie mehr Raufutter und Salz oder Mineralien nach freier Wahl anbieten. Dadurch kann die Häufigkeit der Verhaltensauffälligkeit verringert werden.

Das Pferd will den Schmerzen entgehen

Wenn ein Sattel Druck auf die Reflexpunkte entlang der Wirbelsäule ausübt, weil der Wirbelkanal zu eng ist oder weil er sich während der Bewegung aufgrund einer natürlichen Asymmetrie verdreht, wird das Pferd reflexartig den Rücken senken, um dem Druck und dem damit verbundenen Schmerz zu entgehen. Das Ziel, dass das Pferd beim Reiten den Rücken aufwölbt oder in Selbsthaltung geht, ist damit unerreichbar. Der Vorwärtsimpuls und die Schwungentwicklung gehen hierbei verloren. Das Pferd verhält sich defensiv und geht nicht ans Gebiss, und der Reiter ist aus dem Gleichgewicht. Dies führt zu einer frustrierenden Erfahrung für Pferd und Reiter. Das Pferd würde gern auf die Hilfen des Reiters reagieren, aber der Druck auf seine Reflexpunkte hemmt seine Fähigkeit, dies zu tun. Denken Sie an Ihren Kniereflex: Selbst wenn der Arzt Ihnen sagen würde, Sie sollten versuchen, nicht zu treten, wenn er auf Ihre Kniescheibe tippt, würden Sie es trotzdem tun, und es gäbe nichts, was Sie bewusst dagegen tun könnten.

Ein Sattel, der ständig Druck auf die Reflexpunkte des Pferdes ausübt, ist frustrierend und schädlich für das Pferd – nicht nur physiologisch, sondern in weiterer Folge auch psychologisch. Jedes Mal, wenn es Sie mit dem Sattel (und der Absicht zu reiten) in den Stall kommen sieht, gerät es in Stress. Es wird sich vor Ihnen fürchten, weil Sie ihm ungewollt Schmerzen zufügen könnten. Sie können alle möglichen Sättel, Dehnungsübungen und Chiropraktiker ausprobieren, aber alles ohne Erfolg. Manchmal ist eine Diagnose mit CT oder Röntgen erforderlich, um eine andere mögliche Ursache zu entdecken: Der Abstand der Enden der Dornfortsätze des Pferdes kann zu gering sein (oder werden) – die bekannten „Kissing Spines".

Es gibt unterschiedliche Meinungen darüber, ob es sich bei Kissing Spines um eine Krankheit handelt, die bereits bei der Geburt vorhanden ist, oder ob sie durch „irgendetwas" (schlechter Sitz des Sattels, schlechtes Reiten ...) im Laufe eines Pferdelebens verursacht wird. Ein Sattel, der zu lang ist oder seitlich am Wirbelkanal drückt oder zu eng über die Schultern liegt (die Baumbreite ist zu eng oder der Winkel falsch) und dadurch auf einem der spezifischen Reflexpunkte des Pferdes sitzt, kann viele Probleme verursachen. Die Wirbelsäule des Pferdes hat Nervenenden, die zwischen den einzelnen Wirbeln austreten. Etwa fünf dieser Nervenenden sind eigentliche Reflexpunkte.

Da ein Pferd an sich nicht zum Reiten gemacht ist, wird es, wenn man zwischen dem 18. Brustwirbel und dem Widerrist Druck ausübt, seinen Rücken absenken. Das ist eine automatische Reaktion, um sich dem Gefühl eines Sattels anzunähern, selbst unter einem leichten Reiter. Wenn das Pferd diese Position die ganze Zeit unter dem Sattel einnehmen würde, käme es in weiterer Folge zu „Kissing Spines" – vorausgesetzt, diese sind nicht bereits vorhanden. Druck auf diese Nervenenden durch ein zu enges Kopfeisen, einen zu langen Sattel oder einen Sattel, der sich während der Bewegung aufgrund der natürlichen Asymmetrie verdreht (und ein Kopfeisen, das nicht an die größere Schulter angepasst wurde), führt dazu, dass das Pferd reflexartig seinen Rücken senkt, um dem Druck und den daraus resultierenden Schmerzen zu entgehen. Auch dies ist ein Verhalten, das vom Reiter als „schlechtes Benehmen" oder Unrittigkeit interpretiert werden kann.

Weiße Haare im Bereich der Reflexpunkte entlang der Wirbelsäule weisen auf Satteldruck hin. *Foto: Christiane Slawik*

Unpassender Sattel führt zu Unbeweglichkeit

Stellen Sie sich folgende Situation vor: Sie satteln Ihr Pferd wie gewohnt – mit einem Sattel, der es am Widerrist und an der Schulter einklemmt. Angenommen, Sie geben Ihrem Pferd das Signal, vorwärtszugehen. Wenn jedoch der Baumwinkel zu groß oder die Baumbreite zu klein ist und der Sattelbaum zu viel Druck auf das Nervengeflecht der Widerristkappe ausübt, kann das Pferd nicht wirklich folgen. Der Grund dafür ist, dass der Sattel auf einen Reflexpunkt trifft, der die Bewegungsfähigkeit behindert. Die eigentliche instinktive Reaktion an diesem Punkt ist das Fallenlassen des Rückens, das Verriegeln der Schulter und das Drehen des Beckens (die natürliche und gewollte Reaktion beim Deckakt). Trotz seiner besten Absichten kann sich das Pferd nicht vorwärtsbewegen. Es befindet sich in einem inneren Kampf zwischen dem Wunsch, seinem Reiter zu gehorchen („Vorwärts!"), und seinem Instinkt („Bleib stehen!"). Ein aussichtsloses Unterfangen für das Pferd – und möglicherweise physischer und psychischer Schmerz für das Pferd, da der Reiter diese Unbeweglichkeit für Sturheit hält und zu Sporen und Peitsche greift. Stellen Sie sich vor, Sie versuchen, Ihr Auto zügig wegzufahren, aber die Handbremse ist noch angezogen. Die Reifen quietschen, Sie können sich nur stockend fortbewegen, und es entsteht Rauch, weil die Bremsbeläge verbrannt sind. So geht es auch Ihrem Pferd, und so fühlt es sich auch an.

Wenn der Sattel zu lang ist und über den 18. Brustwirbel hinausgeht, reagiert das Pferd oft mit einem Bocken, um den Druck zu mindern. Das Buckeln hat sich bei Pferden als Verteidigungsmechanismus entwickelt, um Raubtiere buchstäblich abzuschütteln – ihre Sprünge in die Luft, bei denen sie mit zwei oder vier Beinen vom Boden abheben, manchmal in Kombination mit plötzlichen Stopps und Drehungen –, könnten fast jedes Tier abschrecken, auch den Menschen. Die meisten Pferde, die ständig bocken – egal ob unter dem Sattel oder nicht –, verdienen einen Besuch beim Tierarzt. Die Körpersprache zeigt, dass etwas nicht in Ordnung ist und das Pferd Hilfe braucht. Buckeln scheint eine natürliche Reaktion des Pferdes auf Schmerz zu sein, auch wenn der biologische Grund dafür unklar bleibt. Auch hier sind nicht selten Kissing Spines im Bereich des Sattels (wie auch immer verursacht) die Ursache für Schmerzen, warum das Pferd bockt. Ein zu langer Sattel verschlimmert das Problem nur noch.

Der Ursache auf den Grund gehen

Ganz gleich, ob ein Pferd Angst hat oder Schmerzen erwartet oder ob es aufgrund früherer schlechter Erfahrungen nicht geritten werden möchte: Bocken hat das Pferd gelehrt, dass es dadurch den Schmerz und den Reiter gleichermaßen loswerden kann. Diese Erleichterung ist eine starke Belohnung, und Pferde reproduzieren diesen Verhaltensmechanismus, um sie zu bekommen. Es gibt auch Pferde, wie zum Beispiel in der Spanischen Hofreitschule in Wien oder beim Rodeo, die gezielt zum Bocken trainiert werden (die Kapriolenbewegung). Und nicht zu vergessen: Pferde können einfach nur aus Übermut bocken – selbst unter Sätteln, die keine Schmerzen verursachen und absolut richtig sitzen.

Zeigt das Pferd auch nur minimale Abwehrbewegungen wie zurückgelegte Ohren beim Satteln, sollte man die Passform des Sattels überprüfen. *Foto: Christiane Slawik*

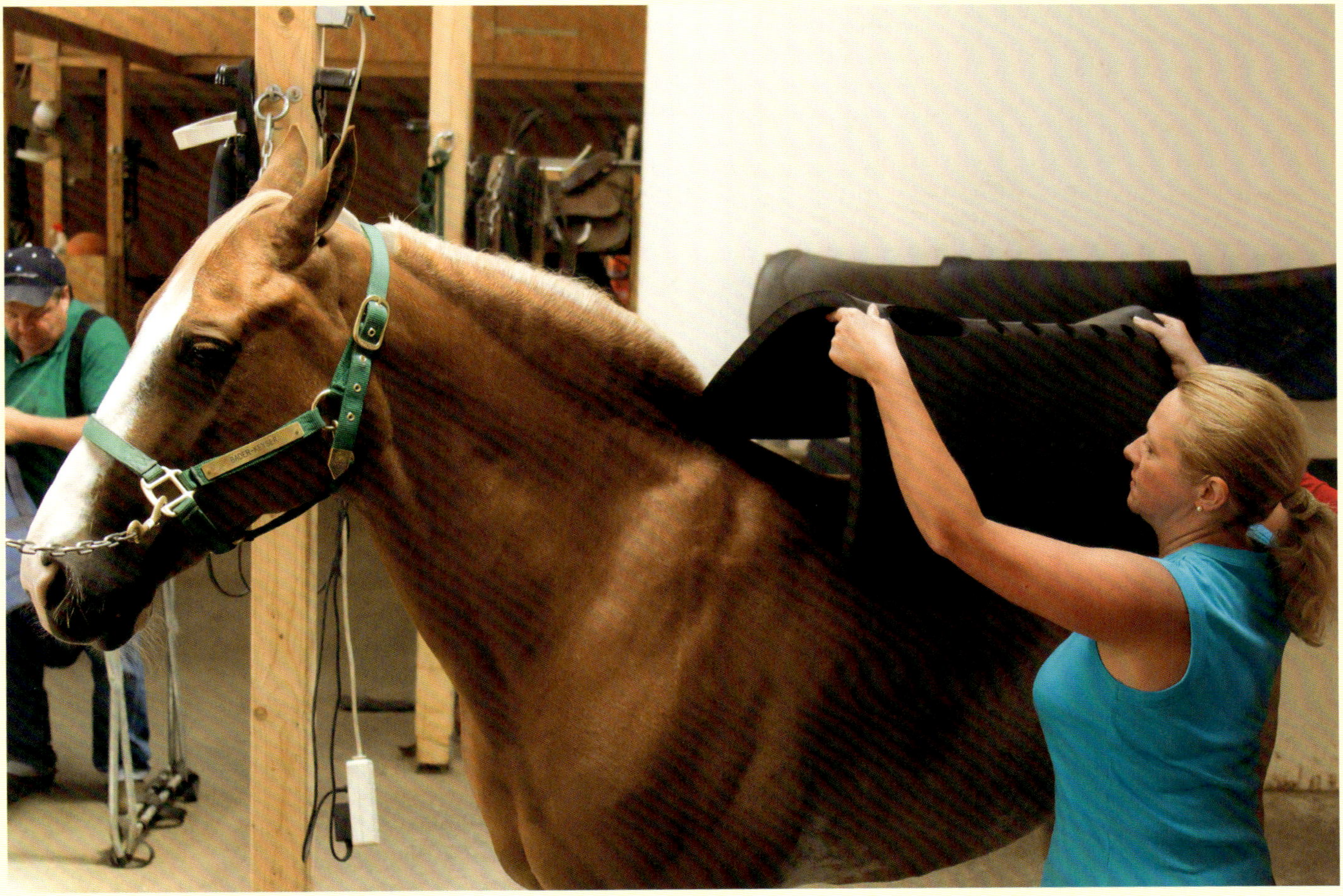

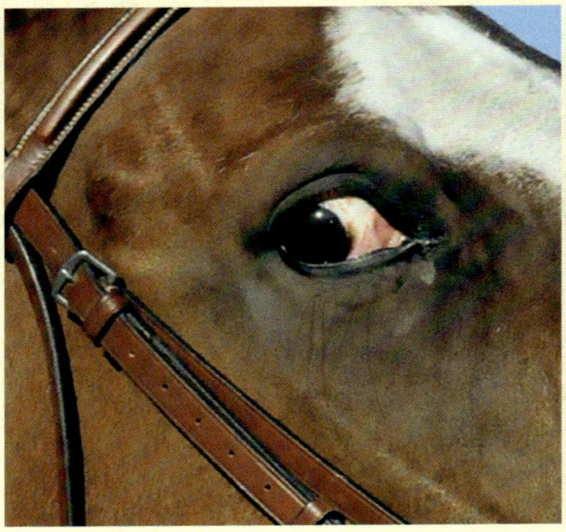

Weit aufgerissene Augen, zurückgelegte Ohren und ein aufgerissenes Maul sind nur einige Anzeigen für Schmerzen oder psychische Auffälligkeiten. *Fotos: Jochen Schleese Saddlery*

Ebenso gibt es auch genetische Gründe dafür, dass ein Pferd sich nicht vorwärtsbewegen will – insbesondere HYPP (Hyperkaliämische Periodische Paralyse), die als erbliche Muskelerkrankung bei Quarter Horses auftritt, oder PSSM (Polysaccharid-Speicher-Myopathie), die bei vielen Rassen mittlerweile vorkommt – beides kann zu „Verklemmungen" und scheinbarem Bewegungsunwillen führen. Diese möglichen Ursachen müssen auf jeden Fall ausgeschlossen werden. Ebenso wie andere neurologische Probleme, die hinter dem scheinbaren Widerwillen stecken könnten.

Bevor man viel Geld in Tierärzte investiert, ist es am sinnvollsten, zuerst das Naheliegendste zu überprüfen – das Equipment. Ein qualifizierter Sattelanpasser, der sich mit der Biomechanik und der Anatomie von Pferden auskennt und weiß, welche Folgen es für das Pferd hat, stellt das mit einer diagnostischen Bewertung fest. Wenn der Sattel nicht richtig sitzt, lohnt es sich, zu investieren. Es kann Ihnen viel Geld und Ihrem Pferd Schmerzen ersparen. Was sind nun einige der Anzeichen, die auf einen schlecht sitzenden Sattel zurückzuführen sein könnten?

- „Schulterlöcher"
- Unterhals beziehungsweise falsche Entwicklung des Halses
- schief hängender, eingeklemmter oder schlagender Schweif
- abgesenkter hohler Rücken
- abgesenktes Brustbein
- Weiß in den Augen
- übermäßiges Kauen auf dem Gebiss während des Reitens
- zurückgelegte Ohren beim Satteln
- „Aufblähen" beim Angurten
- Zungenprobleme beim Reiten
- regelmäßiges Stolpern
- „Viertakt-Galopp"
- passartiger Schritt
- Bocken oder Steigen
- Unwilligkeit, vorwärtszugehen
- Verweigern beim Springen
- weiße Haare oder Blasen im Widerristbereich
- „Schenkelgänger" statt „Rückengänger" (vor allem gut im „Showtrab" zu sehen)
- Unrittigkeit, oft auch in Verbindung mit schlechtem Benehmen

Körpersprache richtig deuten

Hören wir mehr auf das, was uns das Pferd sagen will – Pferde können nicht sprechen, aber ihr Verhalten spricht Bände. Manchmal ist eine gründliche Untersuchung erforderlich, um die Ursache des Fehlverhaltens zu ermitteln. Pferde sind gut darin, uns genau mitzuteilen, wie sie sich fühlen; das Problem ist nur, dass die meisten Menschen nicht wissen, wie man die „Pferdesprache" liest. Deshalb hier einige Tipps:

Wenn der Schweif eines Pferdes ...
... aufgestellt ist: ist es aufmerksam oder aufgeregt.
... eingeklemmt ist: ist dies ein Zeichen für Erschöpfung, Angst, Schmerz oder Unterwerfung.
... hoch über den Rücken gehalten wird (wie bei den meisten Fohlen): ist es verspielt oder sehr ängstlich.
... „pinselt": ist es sehr irritiert.

Die Beine eines Pferdes ...
... scharren: ist es frustriert.
... ein angehobenes Vorderbein: kann eine leichte Drohung sein (oder eine normale Haltung beim Fressen).

... ein angehobenes Hinterbein: ist oft eine eher defensive Drohung.
... Stampfen: zeigt eine leichte Drohung oder einen Protest an (oder sie wollen Insekten oder Fliegen loswerden, die sie in die Beine beißen).

Einige Gesichtsausdrücke von Pferden sind ...
... Schnappen: Dies wird bei Fohlen beobachtet, die sich einem älteren Pferd unterwerfen. Sie öffnen ihr Maul und ziehen die Mundwinkel zurück, dann öffnen und schließen sie ihre Kiefer.
... geöffnete Kiefer mit entblößten Zähnen: Dies zeigt Aggression oder einen möglichen Angriff an.
... die Flehmen-Reaktion: Sie wird durch einen intensiven oder ungewöhnlichen Geruch ausgelöst, meist bei Hengsten, wenn sie rossige Stuten wittern. Sie stecken die Nase in die Luft und kräuseln die Oberlippe über der Nase.
... geblähte Nüstern: bedeutet normalerweise, dass sie aufgeregt oder aufmerksam sind.
... weiße Ränder um den Augapfel: bedeutet in der Regel, dass das Pferd wütend oder ängstlich ist. (Vorsicht! Weiß um die Augen ist auch ein normales Merkmal der Appaloosa-Rasse).

Den Fachmann hinzuziehen

Nicht alle dieser Verhaltensweisen werden durch Probleme mit der Passform des Sattels verursacht. Die Diagnose durch einen Fachmann ist eine Variante, die es Ihnen ermöglicht, sich auf andere eventuelle Ursachen für das Verhalten Ihres Pferdes zu konzentrieren. Es ist wichtig, in der Lage zu sein, Verhaltensindikatoren für Probleme zu erkennen, die die Leistung beziehungsweise Gesundheit beeinträchtigen, indem man auf subtile Verhaltenssignale achtet. Es ist erforscht, dass sich Pferde an frühere Erfahrungen in der Zusammenarbeit mit Menschen erinnern können. Unerwünschte Verhaltensweisen können eskalierende Strafmaßnahmen nach sich ziehen, die dazu führen, dass ein Pferd tatsächlich lernt, seine natürliche Reaktion zu unterdrücken. Erlernte Hilflosigkeit tritt auf, wenn das Tier lernt, dass es, egal was es tut, dem aversiven Reiz nicht entkommen kann und schließlich aufgibt. Dies kann zu einem Mangel an Motivation und einer Beeinträchtigung der Fähigkeit führen, neue Aufgaben zu erlernen, was wiederum zu Depressionen führt. Niemand möchte das seinem Pferd zumuten. Ein depressives Pferd, das unter den Schmerzen eines schlecht sitzenden Sattels leidet, ist für den Reiter kein Vergnügen – und das Problem ist leicht zu diagnostizieren und zu beseitigen. Das sind wir alle unseren Pferden schuldig!

Jochen Schleese wurde mit 22 Jahren zertifizierter Sattlermeister und kam 1986 als offizieller Sattler zur Dressur-Weltmeisterschaft nach Kanada. Seitdem lebt und arbeitet er in Kanada und entwickelte dort gemeinsam mit der kanadischen Regierung eine dreijährige Ausbildung für den Beruf des Sattlers. Mit über 80 verschiedenen Modellen, die im Lauf der Jahre entwickelt wurden, ist Schleese Saddlery Service der weltweit führende Hersteller von Sätteln, spezialisiert auf die weibliche Anatomie beim Reiten. Jochen Schleese hat das Buch „The Silent Killer" geschrieben, ein Standardwerk über die richtige Sattelvermessung. Sein Programm „Saddlefit 4 Life®" schult weltweit Reiter, Tierärzte, Osteopathen und Berufsreiter und vermittelt ihnen das notwendige Wissen zum Thema Sattel.
www.saddlefit4lifeacademy.com
www.schleese-sattel.de

Übersetzung aus dem Englischen von Katja Lange, Pferdewirtschaftsmeisterin und zertifizierte Sattelergonomin®

Goldene Regeln für faires Reiten

Pferdegerechte Möglichkeiten der Ausbildung

von Silja Schießwohl

Foto: Miriam Balija

Der moderne, engagierte Freizeitreiter ist ein anderer Reiter als die Reitmeister der Vergangenheit. Anders als die „alten Meister“ und auch anders als die heutigen Berufsreiter. Das Pferdewohl steht an oberster Stelle, reiterliche Erfolge sind eher ein Nebeneffekt. Die positive Seite dieser Entwicklung ist, dass wir heutzutage das erste Mal in der Geschichte des Pferdes einfach „Zeit mit dem Pferd schön verbringen können“ – wir brauchen das Pferd nicht mehr zum Kampf oder als Arbeitstier. Das Pferd ist unser liebster Freizeitpartner geworden und wir sind eben nur noch in den seltensten Fällen ausgebildete Berufsreiter.

Die Schattenseite dieser Entwicklung ist allerdings, dass uns die systematische und professionelle Ausbildung von Reiter und Pferd abhandengekommen ist. Es fehlt eine Institution, in der Reiten und der Umgang mit dem Pferd mit allgemeiner Gültigkeit gelehrt wird. Beim Lesen dieses Satzes mag der ein oder andere direkt Einspruch einlegen – denn wie soll bei der heute vorherrschenden Vielzahl an Reitweisen und Richtungen überhaupt eine Einheitlichkeit gefunden werden?

Veränderte Rahmenbedingungen

Kurz gesagt stehen wir vor folgender Situation: Das Pferd als jahrhundertelanger Begleiter des Menschen ist heute mehr denn je Freund auf Augenhöhe. Was für eine wunderbare Entwicklung. Doch zugleich müssen wir uns die Frage stellen, wie die reiterliche Ausbildung des Menschen in Zeiten von maximaler Informationsvielfalt und -flut (angepasst an die Bedürfnisse der heutigen Zeit) aussehen kann.

Bedürfnisse sind ein gutes Stichwort. Denn auch diese haben sich verändert: Wie bereits angedeutet, ist die hohe Dressur im Gegensatz zu früher lang nicht mehr bei allen heutigen Freizeitreitern ein anzustrebendes Ziel. Dennoch möchten die meisten ihr Pferd gesund erhalten und sind sich durchaus bewusst, dass dazu ein entsprechendes Gymnastizierungsprogramm nötig ist, angelehnt an die Basis der Dressur.

Das Ziel der Ausbildung von Pferd und Reiter sind daher heute wohl weniger Schulen über der Erde als vielmehr die funktionierende und feine Kommunikation zwischen Pferd und Reiter und die Gesunderhaltung des Partners Pferd, der doch eigentlich gar nicht zum Reiten gemacht ist.

Kommunikation und Gymnastik

Interessierte finden wunderbare und umfassende Werke zur Reitkunst und Ausbildung des Pferdes, die für den modernen Reiter mal mehr, mal weniger verständlich zu sein scheinen. Nicht von ungefähr kommt die Entwicklung, dass sich der Reitsport verirrt hat, obwohl in der einschlägigen Literatur alles zu finden ist, auf das man sich besinnen sollte. Reiten ist eben nicht immer einfach und ein Leben reicht vermutlich nicht, um alles richtig zu machen beziehungsweise in der Praxis korrekt umzusetzen – aber logisch ist es allemal.

Doch steckt der moderne Reiter seine Nase in diese Werke? Vereinzelt, ja – und das ist immer wünschenswert, aber die Realität sieht häufig neben Job, Familie und Pferdealltag anders aus. Dennoch sind vermutlich so viele Pferdemenschen wie noch nie auf der Suche nach Antworten. Antworten auf Fragen wie: „Mit was beginne ich ausbildungstechnisch bei meinem Pferd?“, „Was kann ich tun, wenn mein Pferd den Rücken nicht loslässt?“ oder: „Wer hat denn nun eigentlich recht – soll ich besser vorwärts-abwärts reiten oder in Aufrichtung?“

Reiten bedeutet in erster Linie funktionierende Kommunikation, die auf einer korrekten Hilfengebung basiert. *Foto: Miriam Balija*

Die Antworten auf diese Fragen lassen sich meiner Meinung nach in zwei Dimensionen zusammenfassen: Es geht einerseits um die reiterliche Ausbildung und die daraus resultierenden reiterlichen Fähigkeiten (Skills) und um die gymnastizierende Ausbildung des Pferdes, sodass es lernt, den Reiter zu tragen, ohne Schaden zu nehmen. Wir brauchen also zwei Orientierungslinien: die Kommunikation (Hilfengebung) zwischen Pferd und Reiter, die klar verständlich fürs Pferd ist, wenn der Reiter

Um einen balancierten Sitz zu erarbeiten, erarbeiten, kann man sich einen Ball als Schwerpunkt im Becken vorstellen. *Foto: Miriam Balija*

in puncto Reitersitz entsprechend geschult ist, und andererseits die daraus resultierende Gymnastizierung, die nur mit der entsprechenden Hilfengebung stattfinden kann. Diese Leitplanken müssen vorhanden sein, egal in welcher Reitweise oder Disziplin.

Der Dreischritt: vom ausbalancierten Sitz über eine logische Einwirkung zur sinnvollen Gymnastizierung

Den Ausgangspunkt dafür stellt der Sitz des Reiters dar. Es ist eine der wichtigsten Verantwortungen des Reiters, an diesem zu arbeiten und in Form von Sitzschulung zunächst einen zügelunabhängigen (also ausbalancierten) und mitgehenden Sitz zu entwickeln. Aus diesem ergibt sich dann die nachvollziehbare Einwirkung wie von selbst: Denn der Reitersitz ist als primäre Hilfe die Basis für das ganze System der Hilfengebung. Auch Schenkel und Zügelhilfen entwickeln sich aus diesem und müssen zu den Signalen aus dem Sitz passen. Früher war das übrigens genauso: Bevor es ans selbstständige Reiten ging, gab es ausgiebige Sitzschulung zwischen den Pilaren und/oder an der Longe. Leider wird dieser Schritt heute allzu oft übersprungen, was die reiterliche Entwicklung einer fürs Pferd logischen Einwirkung deutlich erschwert. Der abschließende Schritt in diesem Dreischritt nach Schulung von Sitz und Hilfen stellt dann die Gymnastizierung dar. Denn der „schönste" Sitz bringt nichts, wenn wir nicht beim wirklichen Reiten ankommen. Und da Reiten bekanntlich mehr ist als „Obenbleiben", sind der ausbalancierte Sitz und die logische Hilfengebung die Basis für die Gymnastizierung des Pferdes. Hat der Reiter das System der Hilfengebung erlernt, ist es ihm möglich, sein Pferd so zu reiten, dass es den Rücken hergibt, sich an den Zügel dehnt und herantritt. Kurzum: das horizontale Gleichgewicht zu finden, trotz unnatürlichem Reitergewicht im Rücken.

Zusammenspiel der Hilfen

Natürlich kann der versierte Reiter auf dieser Basis höhere Lektionen anstreben. Doch sollten wir nicht vergessen, dass das reiterliche Hochgefühl (der „Suchtfaktor Reiten", bei dem man mit breitem Grinsen vom Pferd absteigt) sich bereits auf einem losgelassenen Pferd in der Grundausbildung einstellen kann. Spätestens dann, wenn es mit sanfter Anlehnung zur Reiterhand im Takt und mit locker schwingendem Rücken unter dem Reiter läuft. Es *kann*, aber *muss* nicht die hohe Dressur sein, um feines Reiten auf einem losgelassenen Pferd erleben zu dürfen. Das ist das Schöne: Gutes, faires Reiten ist unabhängig vom Niveau und von Turnierklassen. Jeder kann es mit seinem Pferd erreichen, wenn er bestimmte Grundsätze beachtet und verfolgt.

Für die Praxis: An einem Beispiel festgemacht, wird es noch transparenter, wie das Zusammenspiel aus Sitz und Hilfen zur Gymnastik wird: Wenn der Reiter einen Zirkel reiten möchte, muss er beispielsweise dazu in der Lage sein, ausgehend von der neutralen Position des Beckens, mittig im Sattel den inneren Sitzbeinhöcker tiefer sinken zu lassen (erster Schritt Reitersitz). Nur dadurch, dass die Hüfte innen tief kommt („Hang in der Hüfte") kann auch der innere Schenkel in die richtige Lage innen am Gurt als biegender Schenkel kommen (Schenkelhilfe). So bleibt das Knie selbst beim Treiben mit der Innenseite der Wade in korrekter Lage, also am Sattelblatt tief nach unten strebend. Im Zusammenspiel des inneren, biegenden Schenkels und äußeren Zügels, der begrenzend an der äußeren Schulter wirken kann (diagonale Hilfengebung), wird das Pferd korrekt auf dem Zirkel eingestellt. Nicht zu vergessen wäre hierbei natürlich noch der stellende innere Zügel und der eventuell nötige äußere verwahrende Schenkel, der sich außerdem aus dem Drehsitz des Reiters ergibt. Alles in allem ergibt sich so die gymnastizierende Lektion des Zirkels mit der entsprechenden Längsbiegung.

Faires Reiten ist ein Zusammenspiel der verschiedenen Hilfen. *Fotos: Miriam Balija*

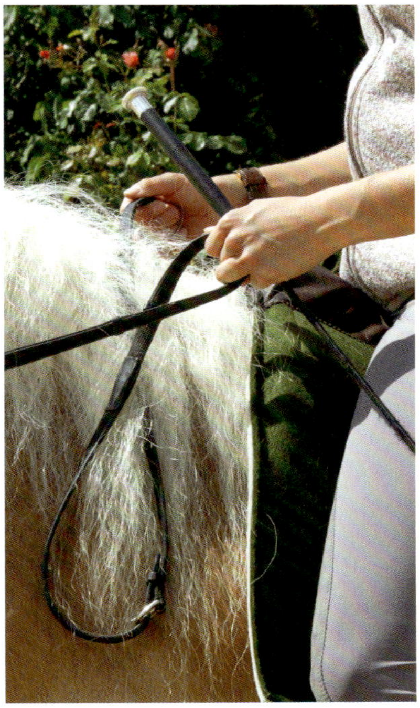

Das Praxisbeispiel hat gezeigt, dass der Reiter in diesen spezifischen Situationen im Viereck an viele verschiedene Aspekte zu denken hat. Denn für die Gymnastizierung des Pferdes ist ein differenziertes Zusammenspiel der Hilfen notwendig. Wer jetzt denkt, dass das ganz schön komplex werden kann, wenn man alles richtig machen will, der hat durchaus recht. Genau aus dieser Tatsache entspringt der Gedanke, „goldene Regeln" für den engagierten Freizeitreiter zu entwickeln, die eine Leitlinie für alle darstellen, die ihr Pferd fair und gesund reiten möchten.

Drei Grundprinzipien für faires Reiten

Dazu möchte ich drei übergeordnete Grundsätze darstellen, die sich in allen detaillierten goldenen Regeln für faires Reiten widerspiegeln.

1. Suche die Lösung des Problems stets bei dir und nicht beim Pferd:

Sätze wie „Der geht einfach nicht an den Zügel" sollten wir aus unserem Wortschatz streichen. Stattdessen solltest du dir immer die Frage stellen: „Wie kann ich meinem Pferd helfen, besser an den Zügel zu gehen? Was ist *mein Anteil* daran, dass es noch nicht so gut funktioniert?" (Immer vorausgesetzt, gesundheitliche Themen sind auszuschließen). Um diese Fragen zu beantworten, ist das Wissen um den situationsgerechten Reitersitz essenziell.

Reflektiere ehrlich: Wie steht es um deine eigene Koordination? Bist du dazu in der Lage, dein Pferd durch deinen Sitz anzuleiten, oder bist du eher ein Störfaktor und verhinderst durch ungeschicktes Belasten des Pferderückens die richtige Ausführung deines Pferdes?

2. Deine Hilfen sollten dir selbst schlüssig und nachvollziehbar erscheinen:
Häufig geben Reiter Hilfen willkürlich, ohne sich über das Zusammenspiel von Sitz mit Schenkel und Zügel Gedanken gemacht zu haben. Nicht selten führt es zu Aha-Momenten, wenn Reiter diese Zusammenhänge zum ersten Mal sehen und verstehen. Du kannst dir sicher sein: Wenn du selbst die Hilfengebung nachvollziehen kannst, dann kann es auch dein Pferd.

Selbstreflexion gehört dazu – störe ich mein Pferd in seiner Bewegung oder unterstütze ich es? Hier hindert die Reiterin den Bewegungsfluss durch die Tendenz zum Spaltsitz. *Foto: Miriam Balija*

Ein Beispiel: Einmal verstanden, ergibt es Sinn, dass deine Ausrichtung der Schultern die Ausrichtung der Pferdeschultern widerspiegelt. Das Gleiche gilt für dein Becken in Bezug auf das Becken deines Pferdes. Du möchtest, dass dein Pferd nach innen abwendet? Dann orientieren sich deine Schultern nach innen (die innere Schulter wandert weiter zurück, die äußere weiter vor), sodass die Pferdeschultern dieser Bewegung folgen können. Die Zügelhilfen ergeben sich übrigens ebenso genau aus dieser Bewegung: Durch das Drehen der äußeren Schultern nach vorn kommt dein äußerer Arm näher an den Widerrist (verwahrende Zügelhilfe) und dein innerer Arm entfernt sich durch die Ausrichtung nach hinten (seitwärtsweisende Zügelhilfe). Logisch, oder?

3. Die Bewegungsabläufe, die du mit deinem Pferd erarbeitest, entsprechen der Natur des Pferdes und bauen aufeinander auf.
Für die Gymnastizierung des Pferdes bedienen wir uns dessen, was die Natur dem Pferd mitgegeben hat. Lektionen sind demnach keine Kunststücke, sondern Pferdegymnastik. Doch diese wird dem Namen nur dann gerecht, wenn die Übungen und das Training systematisch aufeinander aufbauen und keine Zwischenschritte übersprungen werden. Genauso wenig wie ein Mensch an Tag eins seiner Übungsserie eine schwere Hantel stemmen kann, wird das Pferd nach einer Woche körperlich reell dazu in der Lage sein, Runde um Runde zu piaffieren.

Bedenke: Der erste Schritt in der Ausbildung (für den du deinen Sitz situationsangepasst meist eher entlastend einsetzt und vor allem die vortreibenden Hilfen wichtig sind) ist, dass dein Pferd die Anspannung im Rücken loslässt. Es ist natürlich, dass das Pferd durch das Reitergewicht zunächst irritiert ist und die Oberlinie dadurch festhält. Umso wichtiger ist es, im allerersten Schritt das natürliche Gleichgewicht in allen drei Grundgangarten wiederherzustellen. Mit einem festen Rücken (also ohne Zwanglosigkeit bzw. Losgelassenheit) ist jede Lektion wertlos!

Wer diese drei Grundprinzipien beachtet und das eigene Tun immer wieder an diesen reflektiert, ist schon ein ganzes Stück weiter als viele andere Reiter. Nämlich jene, die die Fehler eher beim Pferd suchen und immerzu am Pferd herumdoktern, anstatt an sich selbst zu arbeiten. Auch wenn wir häufig von Pferdeflüstern sprechen, ist es eine Tatsache, dass der Trainer dem Reiter das Vorgehen erklären muss, das dieser anschließend umzusetzen lernt – und eben nicht dem Pferd ins Ohr flüstern kann. Schlussendlich müssen wir uns eingestehen, dass der einzige Ansatzpunkt zu einer nachhaltigen Veränderung hin zum „besseren Reiten“ wir selbst sind.

Goldene Regeln für faires Reiten geben dem engagierten Freizeitreiter einen Überblick, Leitplanken zum Orientieren. Sie erheben keinen Anspruch auf die Darstellung der gesamten Reitlehre, doch liefern sie die wichtigsten Ansatzpunkte für faires Reiten mit direkter Umsetzungsinspiration für die eigene Praxis auf und mit dem Freizeitpartner Pferd.

Silja Schießwohl stellte fest, dass das Thema „Sitz und Hilfengebung“ vielerorts zu kurz kommt und dass ambitionierte Freizeitreiter sich intensive Begleitung bei der Verbesserung ihrer Kommunikation mit ihrem Pferd wünschen, selbst wenn sie keinen geeigneten Reitlehrer vor Ort haben. Sie ist Host des Podcasts „Saddle Up“ und hat darüber hinaus mit dem „Reiter-Kompass-Mentoring“ eine umfangreiche Online-Begleitung geschaffen, in der jeder Teilnehmer individuell in den Themen Sitz, Hilfengebung und gymnastizierendes Reiten betreut wird. Auf ihrer Homepage findet man einen kostenlosen Sitz-Check zum Download.
www.rideucation.de

Blick ins Buch

44 goldene Regeln für faires Reiten
Ausbalancierter Sitz, feine Hilfen, sinnvolle Gymnastizierung
von Silja Schießwohl
96 Seiten, 17 cm x 21 cm, farbige Abbildungen
ISBN: 978-3-95847-027-9
€ 19,90 (D)

Ab 20.10.2022 im Handel erhältlich!

Das Pferd im Klimawandel

Wie kommen unsere Pferde mit Klimaveränderungen zurecht?

von Dr. Christina Fritz

Ein weiterer viel zu heißer und trockener Sommer geht zu Ende und wir haben den nächsten voraussichtlich viel zu warmen Winter vor uns, gelegentlich unterbrochen von desaströsen Stürmen und Überschwemmungen. Der Klimawandel ist längst keine abstrakte Idee mehr in wissenschaftlichen Modellrechnungen, sondern für jeden täglich sichtbar. Brunnentränken auf den Höfen fallen trocken, weil das Grundwasser absinkt, die Heupreise steigen, weil die Ernten immer weniger Ertrag bringen und der zweite Schnitt in vielen Regionen komplett ausfällt. Aber wie kommen eigentlich unsere Pferde mit diesen Veränderungen zurecht?

Foto: Christiane Slawik

Bäume sind natürliche Schattenplätze und kühle Standorte, wenn die Temperaturen steigen. *Foto: Christiane Slawik*

Zunächst einmal die gute Nachricht: Pferde sind als Steppen-, Halbwüsten- und Tundrenbewohner an die künftigen klimatischen Herausforderungen in unseren Breitengraden ziemlich gut angepasst. Sie haben ein breites Temperaturspektrum, in dem ihr Komfortbereich liegt. Die heißen Sommer machen ihnen also in der Regel weniger zu schaffen als den meisten Menschen. Auch Trockenheit ist kein größeres Problem, solange sie immer noch Tränkenwasser in ausreichender Menge bekommen. Ein Pferd trinkt 30 bis 50 Liter am Tag, laktierende Stuten bis zu 80 Litern. Stellt man sicher, dass die Kübel mindestens zweimal täglich ordentlich gefüllt sind, sodass sich alle satt trinken können, stellen sich Pferde darauf ein.

Schatten für die Temperaturregulation

Wichtig ist jedoch, dass ihnen immer auch Schattenplätze zur Verfügung stehen. Die Pferde in der prallen Sonne auf eine Wiese zu stellen mit dem Argument, dass sie ja schließlich aus der Steppe kommen, ist reichlich naiv denkend. Auch Wildpferde suchen zur heißesten Mittagszeit Schattenplätze auf, und selbst in Steppen und Halbwüsten finden sich Bäume oder Felsformationen, die Schutz vor der Sonnenstrahlung bieten und gern aufgesuchte Ruheplätze darstellen. Hier kollidieren dann häufig schon Tierschutz und Baurecht: Man möchte einen großzügigen Unterstand auf die Weide stellen, um den Pferden Schatten zu bieten, aber das Baurecht verbietet das. Viele weichen daher auf Rundzelte aus, für die man in den meisten Gemeinden keine Baugenehmigung benötigt. Allerdings kann es in diesen ausgesprochen stickig werden, sodass sie nicht immer gern angenommen werden.

Hecken bieten Schattenplätze für die Mittagsruhe

Eine Alternative ist es, jetzt gezielt Bäume und Hecken auf die Grünflächen zu pflanzen, die in den kommenden Jahren Schutz und Schatten bieten. Durch die Flurbereinigungen im Zuge der landwirtschaftlichen Industrieoptimierung der letzten Jahrzehnte sind diese wertvollen Ökosystembausteine nach und nach gerodet worden und verschwunden. Erst heute sehen wir die fatalen Auswirkungen davon: Ohne windbrechende Hecken wird der fruchtbare Humus von den Böden weggefegt, was zu vermehrtem Düngereinsatz führt, um trotzdem ausreichende Erträge zu erwirtschaften. Mit Hecken verliert man zwar ein paar Quadratmeter an Fläche, gewinnt aber Fruchtbarkeit und spart am Dünger, sodass sich Hecken letzten Endes auch wirtschaftlich rechnen.

Hecken entlang von Entwässerungsgräben, beispielsweise an Straßenrändern, sorgen außerdem dafür, dass das Wasser aus den Gräben schneller aufgenommen wird, und entzieht damit den Mücken Brutmöglichkeiten, was zu einer Reduktion der „Blutsauger"-Plage auf den Weiden beiträgt. Gleichzeitig sorgen sie, zusammen mit Bäumen, für eine

Leider ist die Pferdehaltung in Wäldern hierzulande im Allgemeinen nicht erlaubt. Dabei stellen Bäume oder Wäldchen auf der Weide nicht nur Schattenspender an heißen Sommertagen dar, sondern spielen auch eine wichtige Rolle im Ökosystem. *Foto: Christiane Slawik*

Stabilisierung des Grundwasserspiegels. Klug gepflanzt entlang der Weidezäune bieten Hecken nicht nur Schutz vor Sonne und Wind, sondern sind auch eine beliebte Knabberei, insbesondere wenn die Weide im Frühjahr sehr saftig ist und zu wenig Faseranteil liefert.

Bäume sind mehr als nur Hindernisse bei der Heuernte

Aus vielen Untersuchungen weiß man heute, dass Bäume nicht nur CO_2 aus der Luft binden, sondern auch einen wertvollen Beitrag dazu leisten, den Grundwasserspiegel zu stabilisieren. In vielen Regionen ist das Grundwasser bereits abgesunken, sodass immer mehr Gemeinden strenge Verordnungen zum Wasserverbrauch erlassen. Und wir stehen hier erst am Anfang. In den meisten Regionen fällt bereits zu wenig Niederschlag. Wenn der Regen kommt, dann häufig in Form von Starkregen, der von den ausgetrockneten Böden überhaupt nicht aufgenommen werden kann. Als Folge fließt das Wasser oberflächlich über Flüsse und Seen ab ins Meer und steht damit gar nicht zum Auffüllen des Grundwassers zur Verfügung. Gerade auf Pferdeweiden ist das besonders drastisch, da diese durch den Vertritt der Pferde auch einen verfestigten Boden haben, der noch schlechter das Wasser aufnimmt als eine Heuwiesenfläche.

Pflanzt man Bäume auf seine Weiden, erzielt man mehrere Effekte gleichzeitig: Die Wurzeln lockern den Boden auf und bieten Lebensraum für Bodenbewohner, die ebenfalls die Erde lockern, sodass Wasser wieder besser aufgenommen werden kann. Durch das tief reichende Wurzelwerk der Bäume wird außerdem das Grundwasser wieder nach oben geholt, der Grundwasserspiegel steigt, sodass auch der Brunnen wieder Wasser für die Pferde liefert. Und natürlich sind Bäume ein beliebter Schattenplatz für die Mittagsruhe. Da viele Bäume gern angeknabbert werden und absterben, wenn ihre Rinde großflächig zerstört wird, muss man sie vor Verbiss schützen. Anfangs kann man sie auszäunen, später reicht meist ein Schutz um den Stamm.

Raufutter wird zur Mangelware

Noch vor wenigen Jahren war es in den meisten Regionen kein Problem, ausreichende Mengen Heu für günstige Preise zu bekommen. Aber das ändert sich nach und nach. Als Einsteller macht man sich darüber naturgemäß nur selten

Gedanken, denn Heu ist im Pensionspreis mit drin und der Stallbetreiber muss schauen, wo er Heu herbekommt. Spätestens, wenn der Liebling aufgrund einer ungünstigen Heuqualität oder reduzierter Menge krank wird, schreckt man auf.

Über die letzten 50 Jahre sind unsere Wiesen schleichend „umgebaut" worden. Durch die großzügige Ausbringung von Stickstoff – in Form von Stickstoffdüngern oder Gülle – sowie durch den Einsatz von Hochzuckergräser-Saatgut wurde der Ertrag der Flächen erheblich gesteigert. Anspruchslose und trockenheitsresistente Gräser und Kräuter wurden nach und nach verdrängt. Denn ihre niedrigen Nährwerte waren ebenso unerwünscht wie ihr störender Einfluss auf den Silierprozess bei der Produktion von Rinder-Silage oder Pferde-Heulage. Die Landwirtschaft hat sich für die jährlichen Ertragssteigerungen auf die Schulter geklopft, denn wirtschaftlich sah das Ganze gut aus.

Dabei wurde jedoch vergessen, dass diese von der Saatgutindustrie speziell gezüchteten Hochzuckergräser überaus anspruchsvoll sind, was ihre Wasser- beziehungsweise Stickstoffversorgung angeht. Sinkt das Angebot an diesen wichtigen Nährstoffen, sinkt auch der Eiweißwert und der Ertrag der Gräser, also die Menge an Ballen, die man von der Wiese bei einem Schnitt bekommt. Gleichzeitig steigt jedoch der Zuckergehalt, denn Wasser- und/oder Düngermangel setzt diese Gräser erheblich unter Stress, worauf sie mit erhöhten Zuckerwerten und steigenden Gehalten an giftigen Endophyten reagieren. In vielen Regionen ist es mittlerweile im Sommer so trocken, dass es auf diesen Flächen gar keinen zweiten oder gar dritten Aufwuchs mehr gibt, sodass die im Jahr geerntete Heumenge also teilweise deutlich unter dem liegt, was in den vergangenen Jahrzehnten jährlich zur Verfügung stand. Der erste Schnitt ist dann oft auch bei später Ernte deutlich zu zuckerreich. Da diese Gräsersorten darauf optimiert sind, viel Blattmasse zu bilden, sorgt ein später Schnitt außerdem oft dafür, dass schon bei der Ernte in erhöhtem Maß Schimmel im Trocknungsgut zu finden ist.

Was tun mit zu zuckerreichem Heu?

Nun könnte man meinen, dass man dann die gefütterte Menge nur dem Energiegehalt des Futters anpassen muss: mehr Zucker = mehr Energie = weniger Heu. Aber geht das so einfach? Pferde sind von Natur aus Dauerfresser von magerem (vor allem zuckerarmem!) Raufutter. Eine Reduktion der Menge geht praktisch immer damit einher, dass Raufutterpausen entstehen, die zu Verhaltensproblemen, Magenschleimhautentzündungen und Fehlgärungen im Dickdarm (Dysbiosen) führen können. Leere Raufen oder auch Heunetze führen zu Stress. Wird dann Heu nachgefüllt, stürzen sich die Pferde darauf und die hohen Zuckergehalte der Heuportion treiben den Blutzuckerspiegel nach oben. Stoffwechselprobleme wie Übergewicht (EMS), Insulinresistenz, Zuckersucht und Fressgier sowie Hufrehe können die unschönen Begleiterscheinungen sein. Langfristig kann ein solches Futter aufgrund der unphysiologischen Nährwerte für die Entstehung von Pseudo-Cushing sorgen.

Heu mit hohen Zuckergehalten kann ein Grund sein, warum Pferde extrem fressgierig an den Raufen sind und trotz größter Bemühungen nicht abnehmen. Bei einem Stall voller Pummelponys sollte man deshalb immer die Nährwerte des Heus per Laboranalyse kontrollieren. *Foto: Christiane Slawik*

Wiesen anpassen an das Klima der Zukunft

Hochzuckergräser sind also nicht an die klimatischen Veränderungen angepasst, die wir jetzt schon erleben und die sich in den kommenden Jahren noch verstärken werden. Die langfristige Lösung kann nur darin liegen, die Flächen „auszumagern", also mit trockennheitsresistenten Gräser- und Kräutermischungen die Hochzuckergräser wieder zu verdrängen. Dazu kann man Leguminosen wie Luzerne oder Esparsette mit einsäen, die auch als Bodenverbesserer dienen, da ihre symbiontisch lebenden Wurzelbakterien Luftstickstoff für die Pflanzen verfügbar machen. Leguminosen können unter trockenen Bedingungen noch gut gedeihen und reichern den Boden mit Nährstoffen an, sodass sich auch die übrigen Pflanzen – trotz Wassermangel – besser auf den Flächen halten können.

Wetterkapriolen managen

Neben der Trockenheit, auf die wir uns für die Zukunft einstellen müssen, haben wir immer wieder desaströse Wetterlagen, die mit Starkregen und Sturm einhergehen können. Was früher „Ausnahmewetterlagen" oder „Jahrhundertstürme" waren, wird das neue „Normal". Auch hier kann man bereits im Vorfeld durch kluges Management dafür sorgen, dass man nicht mitten in der Nacht plötzlich von der Katastrophe überrascht wird und ohne Plan dasteht.

Natürlich kann keiner von uns etwas dagegen tun, wenn der Fluss über die Ufer tritt und alles in der Umgebung überschwemmt. Die letzten Hochwasser, nicht zuletzt im Ahrtal, sollten uns aber gelehrt haben, dass es sehr schnell sehr katastrophal werden kann, wenn einem Stall und Koppeln davongeschwemmt werden. Deshalb gilt: Wenn man seinen Stall in der Nähe von Flüssen oder größeren Bächen hat, in Auen oder Niederungen, sollte man immer einen Evakuierungsplan haben und alle Mitarbeiter und Einsteller mindestens einmal jährlich schulen. Denn im Zweifel kommt es auf jede helfende Hand an, und dann sollte jeder wissen, was zu tun ist. Wie viele Hänger stehen zur Verfügung? Wie viele Zugfahrzeuge? Wo ist die Liste mit den Notfalltelefonnummern, auch aller Pferdehalter und insbesondere derjenigen, die Pferde transportieren können? In welchen befreundeten Ställen auf Anhöhen kann man die Pferde im Notfall unterbringen? Ist Hochwasserschaden in meiner Versicherung abgesichert?

Regenwasser – Zerstörer und Lebensretter

Über das Jahr gesehen bekommen wir inzwischen viel zu wenig Niederschlag. Wenn der Regen aber kommt, dann meist viel zu viel in viel zu kurzer Zeit. Starkregen können auch unabhängig von über die Ufer tretenden Flüssen zu Überschwemmungen im Stall führen. Da Pferde durch ihren Vertritt den Boden stark verdichten, kann man sich nicht darauf verlassen, dass der unbefestigte Auslauf das Regenwasser schon aufsaugen wird. Bei Starkregen gilt: Je mehr Schwung das Wasser bekommt, umso katastrophaler die Folgen. Daher ist es gar keine so gute Idee, das Wasser einfach nur auf möglichst kürzestem Weg wegleiten zu wollen – denn dann kann es so viel Tempo bekommen, dass es auf seinem Weg auch Paddockzäune mitnimmt und die Ponys sich schnell auf der nächsten Straße wiederfinden.

Die immer häufiger auftretenden Starkregen können insbesondere bei den verfestigten Böden auf Ausläufen und Trails nicht versickern. Deshalb muss ein kluges Regenwasser-Management unbedingt in die Stallplanung mit einbezogen werden. *Foto: Hans Schmidtke*

Hier hilft es, beim nächsten stärkeren Regen genau zu beobachten, wo welche Wassermassen anfallen und welche Wege sie nehmen. Wo fließt das Wasser entlang? Wo bleibt es tendenziell stehen? Wo sind die natürlichen Höhen und Senken bei meinem Stall? Was passiert mit dem Wasser von Dächern? Wenn das in die Kanalisation abgeleitet wird, was ist dann der Plan B, wenn die Kanalisation kein Wasser mehr aufnehmen kann? Kann man die Regenrohre umleiten in Senken? Das entlastet die Kanalisation und sorgt mit jedem Regen dafür, dass wieder mehr Wasser versickert und das Grundwasser auffüllt.

Durch das Anlegen von Gräben oder teichartigen Senken rund um den Stall oder auf den Ausläufen und Trails kann man das Wasser ausbremsen, sodass der Reitplatzboden dort bleibt, wo er hingehört, und sich nicht nach dem Gewitter auf den Zufahrtsweg oder in die Wiese legt. Insbesondere auf Trails werden solche Senken gern auch als Badestelle von den Pferden genutzt, um sich an warmen Tagen abzukühlen. Von solchen über den Hof verteilten „Wassersammelstellen" können die Überreste des Starkregens dann langsam im Boden versickern, was wiederum den Grundwasserspiegel hebt, sodass langfristig wieder mehr Wasser für die Vegetation zur Verfügung steht. Achtet man bei solchen Umbauten darauf, dass der Paddock nicht gerade der tiefste Teil vom Hof ist, sondern schüttet ihn etwas auf, dann stehen die Pferde auch im feuchten Winter oder nach schweren Unwettern trocken und versinken nicht im Matsch.

Dächer von Raufen und Unterständen sind Windfänger

Ein bisher noch oft unterschätzter Faktor sind die ausladenden Dächer von Heuraufen oder Unterständen. Wir werden in der nahen Zukunft immer öfter schwere Stürme oder in einigen Regionen sogar kleine Tornados haben. Windböen können unter die Dächer fahren und sie abheben oder die ganze Struktur umkippen und über den Auslauf schießen lassen. Das ist eine erhebliche Verletzungsgefahr für die Pferde – und auch ein teurer Spaß für den Stallbetreiber. Deshalb sollte man bei der Anlage immer darauf achten, dass:

- der Wind möglichst durch die Struktur durchgehen kann (der Offenstall nicht an drei Seiten geschlossen ist, sondern beispielsweise die Wände nur Widerristhöhe haben oder nur ein Dach mit Windschutznetzen auf zwei Seiten statt festen Wänden aufgestellt wird);

Dächer sind wunderbar, denn sie schützen vor Sonne und Regen. Sind sie ungünstig aufgestellt oder nicht ordentlich im Boden verankert, können sie aber bei starken Windböen oder Sturm zu gefährlichen Flugobjekten werden. *Foto: Christiane Slawik*

- Windschutznetze auf der Hauptwindseite (meist haben wir Ost-West-Richtung) den Wind gleich ableiten, sodass er gar nicht erst unter das Dach kommt;
- Dachüberstände kurz gehalten werden, um weniger Angriffsfläche zu bieten;
- Pultdächer immer mit der niedrigeren Seite zur Hauptwindrichtung ausgerichtet sind, damit der Wind möglichst darübergeleitet wird und nicht daruntergeht;
- überdachte Raufen und Unterstände ordentlich im Boden verankert werden;
- Windschutzhecken, Baumreihen, Totholzhecken und andere windbrechende Strukturen in der Hauptwindrichtung installiert werden, um möglichst viel Wind von vornherein vom Pferdeauslauf und den windgefährdeten Strukturen abzuleiten;
- Bäume auf Ausläufen und Weiden regelmäßig von Fachleuten auf ihre Gesundheit und Standfestigkeit überprüft werden (das ist zwar kein hundertprozentiger Schutz gegen umstürzende Bäume, schließt aber viele Schäden schon aus, vor allem durch herabstürzende Äste oder kranke Bäume).

Man sieht, dass man sich recht viele Gedanken machen sollte über die Organisation rund um den Hof und das Raufuttermanagement, um für das Wetter der kommenden Jahrzehnte gewappnet zu sein. Glücklicherweise haben unsere Pferde selbst die geringsten Probleme mit dem Klimawandel – solange wir ihnen immer genügend Raufutter und Wasser anbieten. Sie sind hervorragend angepasst: Sie kommen mit Hitze ebenso gut zurecht wie mit Kälte, ihr Fell isoliert sie im Winter gegen Frost und Regen, und ihre Fähigkeit zu schwitzen ermöglicht ihnen die Thermoregulation im Sommer. Natürlich sollte man ihnen im Sommer neben Schattenplätzen und Wasser regelmäßig Salzleckstein, Mineralfutter und eventuell auch Elektrolyte anbieten, um den Verlust durch das Schwitzen auszugleichen. Im Winter benötigen sie einen Wind- und Wetterschutz, denn wenn der Wind ihr schützendes Luftpolster aus der Unterwolle bläst, können auch Pferde ins Frieren kommen. Aber das alles lässt sich besser im Alltag einfacher managen als ausfallende Heuernten durch Dürre oder ein Hochwasser, das seinen Weg durch den Stall nimmt.

Dr. Christina Fritz studierte Biologie mit anschließender Promotion. Nach vielen Aus- und Weiterbildungen im alternativtherapeutischen Bereich führt sie seit über zehn Jahren eine Praxis für integrierte Pferdetherapie. Darüber hinaus ist sie Fütterungsexpertin und hält Vorträge, Fortbildungen und Webinare über artgerechte Pferdefütterung und -haltung. Sie ist Autorin mehrerer Fachbücher wie „Zivilisationskrankheiten bei Pferden“ und „Kinesiologie am Pferd“ und betreibt die Gesundheitswebsite wissen.sanoanimal.de.

www.christinafritz.de

Arthrose beim Pferd

Symptome, Behandlung und Management

Interview mit Tina Wassing, Tierärztin

Gerade in den feuchtkalten Jahreszeiten Herbst und Winter wird die Gelenkerkrankung Arthrose zu einem bedeutenden Thema im Reitstall. Sie kann auch schubweise auftreten, und sie bereitet den Pferden starke Schmerzen. Wie bei anderen rechtzeitig erkannten Krankheiten kann Arthrose auch gut natürlich und pflanzlich behandelt und gemanagt werden. Als besonders effektive Behandlungsform haben sich biologische Tierarzneimittel erwiesen. Natural Horse hat mit Tina Wassing gesprochen, die Pferdebesitzer gerne über Arthrose aufklärt.

TW: Tina Wassing, NH: Natural Horse

NH: Was versteht man unter einer Arthrose?
TW: Bei der Arthrose handelt es sich um eine degenerative Gelenkerkrankung, bei der es zu Schäden und Abbau am Gelenkknorpel, Entzündung der Gelenkkapsel und Umbau und Zubildung der Gelenkknochen kommt.

NH: Was sind die Ursachen einer Arthrose beim Pferd?
TW: Es gibt drei Hauptfaktoren, die einen Einfluss auf die Entstehung einer Arthrose haben:

1. Mechanische Überlastung: Durch harte und wiederholte übermäßige Belastung, muskuläre Imbalancen, Fehlstellungen der Gliedmaßen oder der Hufe sowie Trainingsfehler kann es zu einer mechanischen Überlastung der Gelenke kommen.

2. Innere Faktoren: Auch das Alter, Gewicht, die genetische Konstitution können zur Entstehung einer Arthrose beitragen.

3. Äußere Faktoren: Haltung, schlechte Fütterung, schlechte Arbeitsbedingungen (zu tiefe Reitböden), unpassendes Equipment (Sattel), aber auch Ereignisse wie Verletzungen mit Gelenkbeteiligung können eine Arthrose begünstigen.

NH: Wie sieht der typische Verlauf einer Arthrose aus?
TW: Arthrosen, also degenerative Gelenkerkrankungen, gehen immer mit Entzündungen einher, die bei vielen Pferden zu Lahmheiten und/oder vermehrter Wärme im Gelenk führen. Im weiteren Verlauf treten dann die Veränderungen am Gelenkknorpel und am Knochen mehr in den Vordergrund.

NH: Warum wird die Arthrose beim Pferd oft erst spät erkannt?
TW: Die ersten Anzeichen einer Arthrose sind oft unspezifisch: Das Pferd ist etwas unwilliger bei der Arbeit, nicht mehr so sauber am Sprung oder will sich nicht mehr versammeln lassen. Manche Pferde legen sich schlechter hin oder das Aufstehen sieht schwerfällig aus. Im weiteren Verlauf werden die Symptome deutlicher: Das Pferd muss sich einlaufen und die ersten Schritte sind unklar oder klamm. Dem Schmied fällt auf, dass das Beschlagen schwerer wird, weil das Pferd das Bein nicht mehr so lange beugen kann. Auch Reiter*innen kann eine Arthrose beim Reiten auffallen, weil etwa einige Lektionen nicht mehr sauber sind.

NH: Welche Symptome zeigen Pferde mit Arthrose – am Anfang, bei einer ausgeprägten Arthrose und im fortgeschrittenen Stadium?
TW: Am Anfang einer Arthrose merken der Besitzer und das Pferd noch nicht viel. Vielleicht braucht das Pferd etwas mehr Zeit zum Warmwerden. Bei Fortschreiten der Arthrose werden die Probleme dann immer ausgeprägter: Es kann zu einem deutlichen Einlaufen, Problemen beim Hinlegen, Schwierigkeiten in engen Wendungen, beim Durchparieren oder in der Versammlung kommen. Auch Unwilligkeit oder unerklärlich viele Fehler am Sprung bei einem eigentlich routinierten Pferd können auf eine Arthrose hindeuten. Bei ausgeprägter Arthrose mit deutlichen Entzündungsproblemen sind die Pferde fast immer lahm.

NH: Sind bestimmte Tiere besonders gefährdet, eine Arthrose zu entwickeln, zum Beispiel bestimmte Rassen, Geschlecht, Vorerkrankungen?
TW: Es gibt nicht die eine Rasse oder das eine Geschlecht, die immer Arthrose haben. Dennoch sind manche Pferde gefährdeter als andere. Wenn etwa eine fehlende Bemuskelung, Übergewicht, eine Fehlstellung der Beine oder eine schlechte Oberlinie vorliegen, kann das Risiko für eine chronische Gelenkerkrankung deutlich erhöht sein. Auch mangelhaftes Exterieur, ein schlechter Beschlag oder eine schlechte Hufstellung begünstigen die Entstehung einer Arthrose. Dies gilt auch für vorangegangene Verletzungen mit Gelenkbeteiligung, da sich hieraus eine Arthrose als Spätfolge entwickeln kann. Und auch eine schlechte Aufzucht mit wenig Bewegung, wenig Mineralstoffen und Spurenelementen kann sich negativ auf die Gelenkgesundheit des Pferdes auswirken.

NH: Wie lässt sich der Entstehung einer Arthrose vorbeugen?
TW: Für die Gelenkgesundheit ist eine gute Versorgung mit Nährstoffen und eine bedarfsgerechte Fütterung wichtig. Auch ausreichende Bewegung – nicht nur mit dem Reiter, sondern auch durch entsprechende Haltungsbedingungen – ist essenziell für die Gelenke. Zu achten ist außerdem auf eine gute reiterliche Ausbildung, gute Arbeitsbedingungen und Bodenverhältnisse sowie ein passendes Equipment (z.B. Sattel). Zudem sollte die Hufbearbeitung regelmäßig und dem Hufwachstum oder der Fehlstellung angepasst erfolgen.

NH: Welche Untersuchungen werden bei einem Arthrose-Verdacht durchgeführt?
TW: Beim Verdacht auf Arthrose kann der Tierarzt mittels Begutachtung in der Bewegung, gründlichen Abtastens und bildgebender Verfahren eine genaue Diagnose stellen und eine geeignete Therapie einleiten. Dazu gehört eine eingehende klinische Untersuchung, das Vorführen des Pferdes auf

Bei der Beugeprobe erkennt der Tierarzt den Grad der Beweglichkeit und wie stark das Pferd darauf regiert. *Foto: Heel GmbH*

Am Gangbild sieht der Tierarzt, wenn das Pferd unrein geht, was auf Schmerzen zurückzuführen sein könnte. *Foto: Heel GmbH*

hartem und weichem Boden auf der Geraden und einem kleinen Kreis, Provokationsproben (die sogenannten Beugeproben), Röntgenuntersuchung, diagnostische Anästhesien und bei Bedarf weiterführende Untersuchungen wie Ultraschall, CT, MRT, Szintigraphie.

NH: Welche Behandlungsoptionen gibt es bei Arthrose?

TW: Zwar ist Arthrose nicht heilbar, weil der Knorpel dauerhaft geschädigt wird – sie kann aber gut behandelt werden. Wichtig ist, dass die Behandlung nicht allein auf die Linderung von Schmerzen und Entzündung abzielt. Vielmehr sollte sie auch den Gelenkknorpel und damit die Beweglichkeit des Pferdes so lange wie möglich erhalten und schützen. Für den Knorpelschutz können Chondroitin, Glucosamine, Hyaluronsäure und Kollagen verabreicht werden. Zusätzlich können biologische Tierarzneimittel verabreicht werden. Trotz aller Bemühungen kommt es aber bei vielen Arthrosepatienten immer wieder mal zu akuten Entzündungsschüben mit Lahmheiten. Hier helfen Schmerz- und Entzündungshemmer vom Tierarzt, die als orale Gabe, aber auch als Injektion, gegebenenfalls auch intraartikulär, verabreicht werden. Ebenfalls intraartikulär kommen Stammzell-Präparate oder Medikamente wie PRP oder IRAP aus dem Pferdeblut zum Einsatz. Unterstützend können auch im akuten Schub homöopathische Mittel wie Arnika oder biologische Tierarzneimittel zur Modulation der Entzündung gegeben werden. Zur dauerhaften Unterstützung helfen Homöopathika wie Rhus toxicodendron oder Symphytum. Bei akuten Arthroseschüben oder zur begleitenden Therapie können außerdem auch Akupunktur, Laser- und Magnetfeldtherapien eine sinnvolle Ergänzung sein.

NH: Sie sprechen von biologischen Tierarzneimitteln. Welchen Stellenwert spielen diese bei der Therapie?

TW: Neben einer Schmerztherapie zur Linderung akuter Schmerzen empfiehlt sich als Langzeittherapie ein biologisches Tierarzneimittel mit aufeinander abgestimmten Inhaltsstoffen wie Beinwell und Arnika. Die Inhaltsstoffe besitzen entzündungshemmende, schmerzstillende, vor allem aber auch knorpelschützende und regenerative Eigenschaften. Biologische Tierarzneimittel sind sehr gut verträglich und können auch gut mit anderen Präparaten kombiniert werden. Sie haben daher bei der Arthrose-Therapie einen hohen Stellenwert. Auch die einfache Art der Verabreichung ist von Vorteil.

NH: Was tut dem Pferd mit Arthrose gut/ nicht gut und worauf sollten Pferdehalter achten?

TW: Da der Gelenkknorpel nur durch Be- und Entlastung ausreichend mit Nährstoffen versorgt wird, brauchen Pferde mit Arthrose kontinuierliche Bewegungsmöglichkeiten – sei es auf der Weide oder einer Auslauffläche, im Bewegungstrail, unter dem Sattel oder durch Bodenarbeit. Daneben sollten auch Ruheplätze vorhanden sein, die das Tier zur Entlastung der Beine einladen. Gerade in Gruppenhaltung ist dabei unbedingt auf die Herdenkonstellation zu achten: Viele rangniedrige alte Pferde wollen sich zum Ruhen nicht mehr hinlegen, weil ihnen die Arthrose Probleme beim Aufstehen bereitet. Die Hufbearbeitung muss gezielt auf Gelenk-Entlastung hin erfolgen und Übergewicht sollte mit einer entsprechenden Fütterung abgebaut oder vermieden werden, wobei immer auf eine ausreichende Versorgung mit essenziellen Nährstoffen zu achten ist. Solange der Zustand des Tiers es zulässt, hilft Arbeit unter dem Sattel und am Boden beim Erhalt beziehungsweise Wiederaufbau der Muskulatur, gegebenenfalls unterstützt durch manuelle Therapie und Physioübungen. Grundsätzlich gilt es, ausreichende Aufwärmzeiten einzubauen und Kaltstarts auf der Weide zu vermeiden.

Tina Wassing hat in Gießen Veterinärmedizin studiert. Von 1998 bis 2000 hat sie ihre Praxis in verschiedenen Kleintierpraxen absolviert. Seit 2000 hat die praktische Tierärztin eine eigene mobile Praxis in Ahaus mit dem Schwerpunkt auf biologischer Tiermedizin und ist auf Pferde und Windhunde spezialisiert.

ICH WILL
MICH NICHT
MEHR
BEWEGEN
Natürlich in Bewegung bleiben.
Mit Zeel ad us. vet.
Zeel® LT
ad us. vet.
FÜR DAS TIER
500 Tabletten
Für Tiere: Pferd, Rind, Schwein, Schaf, Ziege, Hund, Katze
Zum Eingeben
Natürlich für dein Tier
DE
Natürlich aus Deutschland
-Heel Vet
Animal health designed by nature
vetepedia.de/zeel/pferd

WINTERZEIT – **ARTHROSEZEIT**

Gelenke des Pferdes sinnvoll unterstützen

von Dr. Christina Fritz

Sobald das Wetter nasskalt wird, kann man bei vielen Pferden beobachten, dass ihre Bewegungen an Geschmeidigkeit und Schwung verlieren. Die Aufwärmphasen werden deutlich länger, wenn sie morgens aus der Box kommen. Sie laufen nicht ganz rund und nach dem langen Ausritt am Wochenende hat der Liebling zwar nicht wirklich gelahmt, aber doch etwas „getickt". Oft sind das die ersten Anzeichen von Arthrose. Wie kann man diese nun managen?

Arthrose ist beim Pferd eine Art Sammelbegriff für Erkrankungen der Gelenke, die mit einem schleichenden Zerfall des Gelenkknorpels einhergehen. Dabei kann nur ein einzelnes Gelenk betroffen sein oder mehrere. Grundsätzlich können alle Gelenke im Körper arthrotische Veränderungen entwickeln, nicht nur die der Beine, sondern auch die der Wirbelsäule oder sogar das Kiefergelenk (insbesondere beispielsweise bei Pferden, die mit den Zähnen knirschen). Sie kann als Folge eines Unfalls auftreten, zum Beispiel nach einer Fraktur, die bis in das Gelenk gereicht hat. Auch Überlastung, Stellungsfehler, falsche Hufbearbeitung, unpassender Beschlag, fehlerhaftes Training oder altersbedingt kann es zu Abnutzungserscheinungen des Knorpels mit den entsprechenden Symptomen kommen.

Man kann davon ausgehen, dass jedes Pferd jenseits der sechzehn nach und nach arthrotische Veränderungen an den Gelenken entwickelt. Bei Pferden, die im großen Sport laufen, oder solchen, die von Haus aus Stellungsfehler mitbringen, oft schon früher. Das ist kein Drama, sondern gehört einfach nur zu den „Alterszipperlein", die man bei angepasstem Management problemlos auch noch bis ins hohe Alter gut im Griff behalten kann, sodass das Pferd eine hohe Lebensqualität behält.

OHNE GELENKE KEINE BEWEGUNG

Gelenke sind bewegliche Verbindungen zwischen den Knochen des Skeletts. Sie sind lebendes Gewebe, das aus einer Matrix besteht, in die neben Knochenzellen auch Mineralien eingelagert werden. Bei diesen Mineralien handelt es sich im Wesentlichen um Calcium, Phosphor und Magnesium. Dadurch wird der Knochen fest und stabil. Umhüllt sind die Knochen von der Knochenhaut, durch welche sie von den umgebenden Geweben wie Sehnen und Muskeln abgegrenzt werden.

Dort, wo Knochen aufeinandertreffen, entstehen Gelenke. Sie können verschiedene Formen haben, je nach ihrer Funktion. Meist stellt man sich das Gelenk klassisch als Kugel-und-Pfanne-Gelenk vor, wie beispielsweise das Hüftgelenk. Es gibt aber auch scharnierförmige Gelenke, zum Beispiel das Fesselgelenk, das dadurch in seiner Bewegungsfreiheit nur vor und zurück bewegt werden kann, aber keine Drehbewegungen erlaubt. Damit die beiden Knochenenden nicht aneinanderreiben, sind sie jeweils mit einer Schicht eines speziellen Knorpels überzogen, den man als hyalinen Knorpel bezeichnet. Dieser besteht aus einer Zellmatrix, zwischen die in hohem Maß Wasser als Puffer eingelagert werden kann.

Foto: Christiane Slawik

GELENKKNORPELZELLEN WERDEN NUR INDIREKT VERSORGT

Das Gelenk selbst ist nicht durchblutet, wohl aber die Gelenkkapsel, eine Struktur aus Bindegewebe, die die Knochenenden zusammenhält und den Gelenkspalt vor dem Eindringen von Fremdkörpern schützt. Sie produziert auch die Gelenkflüssigkeit (Synovialflüssigkeit), die durch die Bewegung des Gelenks durch den Gelenkspalt transportiert wird und den Knorpel mit Nährstoffen und Flüssigkeit versorgt.

Steht das Pferd längere Zeit, werden die Knochenenden durch das Gewicht zusammengedrückt und die Flüssigkeit aus der Knorpelmatrix herausgepresst. Erst wenn das Pferd sich wieder bewegt, entsteht Raum im Gelenkspalt, Flüssigkeit kann durch den Spalt fließen und wieder von der Knorpelmatrix aufgesogen werden. Aus diesem Grund ist Stehen immer Gift für die Gelenke. Ruhige Bewegung hingegen versorgt die Knorpelzellen mit Nährstoffen, sodass der Knorpel regeneriert und erhalten werden kann.

BEWEGUNG IST WICHTIG, KANN ABER AUCH SCHADEN

Hohes Tempo oder Sprünge bei nicht ausreichend mit Flüssigkeit „gepuffertem“ Knorpel sind für die Gelenke ebenso problematisch wie flottes Tempo auf sehr hartem Boden (Kutschpferde), Übergewicht (nicht nur des Pferdes, sondern auch des Reiters) oder schnelle Drehungen, wie sie bei einigen Westernsportarten oder „Kaltstarts“ in unsozialen Offenstallgruppen entstehen können. Durch solche Belastungen kann Gelenkknorpel irreparabel beschädigt werden.

Ist der hyaline Knorpel einmal zerstört, kann er nicht wieder-aufgebaut werden. Aber auch wenn man die Gelenke seines Pferdes ein Leben lang schonend behandelt hat, zeigen sich irgendwann altersbedingte Abnutzungen am Gelenkknorpel. Egal was die Ursache ist: Es kommt der Punkt, wo Knorpelgewebe zerfällt, Entzündungsprozesse entstehen und das Pferd nicht mehr ganz „rund“ läuft.

RUHIGE BEWEGUNG UND GUTE WASSERVERSORGUNG

Hat das Pferd bereits Arthrose entwickelt, dann ist es wichtig, diese richtig zu managen. Mit den richtigen Maßnahmen kann zwar kein hyaliner Gelenkknorpel, wohl aber Faserknorpel aufgebaut werden. Dieser hat nicht die idealen Puffer- und Gleiteigenschaften wie der hyaline Knorpel, schont aber dennoch die Knochenenden und kann damit Entzündungen vorbeugen. Damit Faserknorpel aufgebaut werden kann, müssen die Knorpelzellen im Gelenk optimal mit Nährstoffen versorgt werden. Dafür wichtig ist in erster Linie viel ruhige Bewegung, denn nur dann wird die nährstoffreiche Gelenkflüssigkeit auch bis zu den Zellen transportiert. Die besten Wunderfuttermittel können nicht helfen, wenn sie aufgrund von Bewegungsmangel nicht im Gelenk ankommen. Aus diesem Grund sollten die Pferde in einer durchdachten Offenstall- oder Paddock-Trail-Haltung stehen mit viel Bewegungsanreiz.

Die Gelenkflüssigkeit besteht zu etwa 94 Prozent aus Wasser. Es ist gerade bei älteren Pferden und solchen mit Magengeschwüren wichtig, darauf zu achten, dass sie genug trinken. Haben die Pferde Magengeschwüre, trinken sie nur ungern kaltes Wasser und meist nur in sehr kleinen Schlucken, sodass die Gesamtmenge über den Tag – insbesondere im Winter – oft grenzwertig niedrig ist. Durch Selbsttränken und Gruppenhaltung fällt so etwas meist erst auf, wenn sie eine Verstopfungskolik bekommen, aber dann ist es schon zu spät. Gerade im Winter sollte man bei solchen Pferden darauf achten, ihnen mindestens einmal täglich eine große Menge warmes Wasser anzubieten. Wird das gern genommen, ist es ein Hinweis darauf, dass das Pferd Magengeschwüre hat, denn Pferde mit gesundem Magen bevorzugen immer kaltes Wasser vor warmem.

Hohe Sprünge und schnelle Bewegungen sollten bei Arthrosepferden vermieden werden. *Foto: Christiane Slawik*

Viel ruhige Bewegung und ständiger Zugang zu Wasser sind wichtig für einen gesunden Bewegungsapparat. *Foto: Christiane Slawik*

KNORPEL OPTIMAL ERNÄHREN

Neben Wasser, Nähr- und Schleimstoffen enthält die Synovialflüssigkeit in größerer Menge Glucosaminoglycane, zu denen Hyaluronsäure, Glucosaminsulfat und Chondroitinsulfat gehören. Sie sind wichtig für die Wasserspeicherung in der Knorpelmatrix, da sie wie ein Schwamm wirken und so die Knorpelzellen vor dem mechanischen Druck schützen, der sie sonst zerquetschen würde. Deshalb werden sie oft auch therapeutisch eingesetzt.

Hyaluronsäure

Sie ist der wohl bekannteste Vertreter der Substanzen für Knorpelregeneration. Neben ihrer wasserbindenden Eigenschaft ist sie auch in der Lage, bestimmte Proteoglycane in der Knorpelmatrix zu Riesenmolekülen zu verketten, sodass eine noch bessere Pufferfunktion entsteht. Außerdem hat sie eine schmierende Wirkung. Der Trick hierbei ist, dass ihre Viskosität – also ihre Zähflüssigkeit – sich der Beanspruchung anpasst. So zeigt sie eine andere Viskosität bei Druckbelastung (beispielsweise bei der Landung nach dem Sprung) als bei Scherbewegungen (wie sie beim schnellen Laufen entstehen).

Hyaluronsäure wird in verschiedenen Ergänzungsfuttermitteln verwendet, die für eine bessere Gelenkfunktion vermarktet werden. Die darin verwendete Hyaluronsäure ist meist tierischen Ursprungs, hier werden üblicherweise Hahnenkämme und/oder Hühnerbrustbeine verarbeitet. An der Stelle kann man sich fragen, wie sinnvoll die Verfütterung tierischen Materials an das „vegane" Pferd ist. Darüber hinaus ist Hyaluronsäure als Molekül leider auch zu groß, um die Darmwand zu passieren. Daher wird sie im Verdauungsprozess weitgehend abgebaut, sodass gefütterte Hyaluronsäure nur zu einem Bruchteil, nämlich als stark verkürztes Molekül mit anderen Eigenschaften, im Blutstrom ankommt.

Möchte man sich die Wirkung zunutze machen, muss man Hyaluronsäure immer direkt in das Gelenk injizieren. Der Nutzen dieser Behandlung wird von der Fachwelt jedoch stark infrage gestellt. 2003/2004 wurde eine große Meta-Analyse durchgeführt, die ergab, dass kein therapeutischer Nutzen von Hyaluronsäureinjektionen in das Gelenk bei Arthrose nachweisbar ist. Gleichzeitig sind mit dieser Behandlung hohe Risiken verbunden, da bei der Injektion immer auch Keime in das Gelenk eingetragen werden, das nicht hinreichend vor Infektionen geschützt ist (schwache Immunaktivität im Gelenkspalt). Deshalb sollte vor Gelenkinjektionen immer sorgfältig Nutzen gegen Risiko abgewogen werden.

Chondroitin

Chemisch gesehen gehört es zu den schwefelhaltigen Glucosaminoglycanen. Es ist im Knorpel üblicherweise an Eiweiße gebunden und stellt zusammen mit Kollagen im Wesentlichen die Knorpelmatrix, in welche die Knorpelzellen eingebettet sind. Die Studienlage zur Wirkung von Chondroitinsulfat aus Futtermitteln ist nicht eindeutig – einige Studien zeigen eine Schmerzlinderung und Besserung des Bewegungsablaufs,

Ein Offenstall mit Bewegungsreizen, einer tiefen Einstreu und eine sozial freundliche Pferdegruppe ist für ein Arthrosepferd ideal. *Foto: Christiane Slawik*

andere nicht. Bevor man chondroitinhaltige Ergänzungsfutter an seinem Pferd ausprobiert, sollte man sich jedoch vor Augen halten, dass in Futtermitteln verwendetes Chondroitinsulfat in der Regel aus dem Knorpelgewebe von Rindern, Schweinen oder Haifischen gewonnen wird.

Glucosamin

Der dritte Vertreter dieser Familie ist Glucosaminsulfat, also schwefelhaltiges Glucosamin. Dabei handelt es sich um einen Aminozucker, der – wie auch Chondroitinsulfat und Hyaluronsäure – normalerweise vom Körper hergestellt wird und in der Knorpelmatrix am Schutz der Knorpelzellen und an der Pufferfunktion des Knorpels beteiligt ist. Im Gegensatz zu Hyluronsäure kann Glucosaminsulfat über die Darmwand resorbiert werden, gelangt also problemlos in den Stoffwechsel, wenn man es dem Futter zufügt.

Studien zeigen, dass es bei Fütterung zwar keine entzündungshemmende, wohl aber eine knorpelschützende Funktion hat und der Gelenkspalt sich stabilisiert – also der Knorpelabbau gebremst und vermutlich sogar Faserknorpel aufgebaut wird. Nach Versuchen an Mäusen und ersten Untersuchungen an Menschen geht man außerdem davon aus, dass es eine insgesamt lebensverlängernde Wirkung hat und das Blutbild verbessert, auch wenn der Mechanismus noch nicht genau entschlüsselt ist.

Bei der Verwendung von Futtermitteln auf Basis von Glucosaminen sollte man jedoch darauf achten, dass Glucosamin(sulfat) NaCl oder KCl und nicht Glucosamin HCl enthalten ist. Letzterem fehlt der wichtige Schwefelrest, sodass es nicht über die biologische Wirksamkeit von Glucosaminsulfat verfügt. Außerdem sollte man sicherstellen, dass es aus Fermentation und nicht aus Schalentieren gewonnen wurde. Eines der üblichen Verfahren ist nämlich auch hier wieder, tierische Ausgangsprodukte wie Chitinpanzer von Krabben oder Garnelen zu verwenden, was nicht nur ein hohes Allergierisiko birgt, sondern auch vor dem Hintergrund einer natürlichen Ernährung fragwürdig ist.

ENTZÜNDUNGEN HEMMEN

Arthrose geht beim Pferd üblicherweise mit wiederkehrenden Entzündungsschüben im Gelenk einher, die oft ursächlich für die sichtbaren Lahmheiten sind. Diese Verschlechterungen treten zumeist bei nasskalten Wetterlagen auf – meist ab Herbst, sobald das Schmuddelwetter beginnt. Aber auch im Sommer in einer Schlechtwetterperiode kann es passieren, dass der Senior plötzlich deutlich schlechter läuft. Diese Entzündungen zu bekämpfen ist nicht so einfach. Denn Arthrose ist meist dadurch gekennzeichnet, dass man mit chronischen, unterschwelligen Entzündungen zu tun hat. Die Gabe von klassischen pharmazeutischen Entzündungshemmern (NSAIDs) verbietet sich in den meisten Fällen, da diese bei längerfristiger Gabe (teilweise schon > 3 Tage) die Entstehung von Magengeschwüren begünstigen können.

Teufelskralle

Einer der besten natürlichen Entzündungshemmer für Gelenke ist die Wurzel der Afrikanischen Teufelskralle (Harpagophytum procumbens), nicht zu verwechseln mit unserer heimischen Teufelskralle. Die Wirkstoffe, zu denen vor allem Harpagosid, Harpagid und Procumbid gehören, konnten in Studien mit ihrer entzündungshemmenden Wirkung bei akut arthrotischen Gelenken klar überzeugen. Für eine optimale Wirkung sollte man Teufelskralle über einen Zeitraum von etwa ein bis zwei Wochen langsam in die Ration einschleichen, über etwa sechs Wochen ausdosiert geben, dann wieder über den Verlauf einer Woche ausschleichen. Wie bei allen potenten Kräuterpflanzen sollte man sie nur kurweise geben. Ihr stark bitterer Geschmack macht sie bei einigen Pferden sehr beliebt, andere spucken einem das Futter jedoch regelrecht vor die Füße.

> Für Teufelskralle gibt es eine ganz klare Kontraindikation: Wenn das Pferd unter Geschwüren im Magen-Darm-Trakt leidet, sollte man sie keinesfalls geben. Das macht sie in der praktischen Anwendung problematisch, da man oft nicht ausschließen kann, dass das Pferd unter Magen- oder Darmgeschwüren leidet. Gerade Pferde mit chronischen Schmerzen, wie sie mit Arthrose einhergehen, leiden sehr oft unter nicht diagnostizierten Magengeschwüren.

Ingwer

Zu den bekannten Hausmitteln bei Arthrose gehört auch der Ingwer, also die Wurzel der Ingwerpflanze (Zingiber officinale), die aus derselben Familie stammt wie ihre ebenfalls sehr bekannten Schwestern Kurkuma und Kardamom. Ingwer wird oft in der Traditionellen Chinesischen Medizin im Rahmen der Phytotherapie eingesetzt, denn er hat eine „heizende" Wirkung, stärkt also das Element Feuer mit seinen Meridianen Herz, Kreislauf (Pericard), Dünndarm und Dreifacher Erwärmer sowie die Yang-Energie. Diese wärmende Wirkung kennt auch jeder, der im Winter gern Ingwertee trinkt oder kandierte Ingwerstücke knabbert, wenn im Stall mal wieder die Füße und Finger einzufrieren drohen. Die wärmende Wirkung wird physiologisch gesehen verursacht durch das scharf-aromatische Gingerol.

Arthrose gehört nach der Chinesischen Medizin zu den Yin-Erkrankungen, denn sie ist chronisch und geht mit feuchter Kälte einher. Solche Erkrankungen behandelt man mit Yang-Mitteln, daher bietet sich Ingwer förmlich an. Entsprechend zeigen Studien auch eine entzündungshemmende Wirkung, allerdings nur bei kurzzeitiger Gabe. Gibt man Ingwer über längere Zeiträume, kann er Entzündungen sogar noch verstärken. Daher eignet sich ein Teelöffel voll frisch geriebenem Ingwer ideal, um dem Pferd über kurze Problemphasen zu helfen, wenn es beispielsweise im Sommer oder im Herbst zu kürzeren Schlechtwetterperioden kommt.

Cannabidiol

Ein weiterer potenter pflanzlicher Entzündungshemmer ist Cannabidiol, ein Wirkstoff aus der Hanfpflanze. Er greift in dieselbe COX_2-Hemmer-Kaskade ein wie die klassischen Entzündungshemmer (NSAIDs), die auch der Tierarzt verschreibt. Jedoch an einer anderen Stelle dieser biochemischen Kaskade, was dafür sorgt, dass seine potente Wirkung auch bei längerfristiger Gabe nicht mit der Bildung von Magengeschwüren einhergeht. Deshalb ist die Fütterung von Hanf eine Möglichkeit, auch Pferden mit Magengeschwüren Erleichterung bei ihren Gelenkentzündungen zu verschaffen. Hier muss man aber darauf achten, dass man Produkte aus der ganzen Hanfpflanze verfüttert und nicht nur die Rückstände aus der Hanfölgewinnung, denn letztere bestehen eigentlich nur aus Eiweiß und Fett.

THERAPIE UND BEWEGUNG

Neben allen Futtermitteln, die der Markt anbietet für eine bessere Gelenkfunktion, sollte man jedoch nie außer Acht lassen, dass die Prophylaxe besser ist als jede Therapie. Dazu gehören vor allem das lange und sorgsame Aufwärmen des Pferdes vor der Arbeit (die Gelenke brauchen etwa 30 Minuten, bis sie optimal vorbereitet sind auf Belastung) und ein an das Pferd immer wieder individuell angepasster Trainingsplan. Dazu viel ruhige Bewegung, optimal in einer Paddock-Trail-Haltung in einer sozialen Gruppe, wo das Pferd nicht herumgejagt wird. Eine artgerechte Ernährung reduziert Stress und fördert die Regeneration und das Immunsystem. Und es sollte regelmäßig ein kompetenter Hufbearbeiter konsultiert werden und das eigene Gewicht nicht über 15 Prozent vom (Ideal-)Gewicht des Pferdes liegen. Damit erhält man die Gelenke seines Pferdes so lange wie möglich gesund.

Neben einer angepassten Therapie sollten ein verlängertes Aufwärmen und ruhige Übungen mit dem Arthrosepferd durchgeführt werden.
Foto: Christiane Slawik

Sanfte Bewegung

für Pferde mit Arthrose

von Alexandra Schmid

Das Pferd geht leicht lahm, stolpert oder hat Probleme, sich zu stellen und auf den gebogenen Linien zu bewegen. Es schleift sich die hinteren Zehen ab, hat verkürzte Schritte oder geht klamm. Es hat eventuell Probleme, die Hufe zu geben. Der Gang ist stumpf und taktunrein. Das Pferd drückt den Rücken weg und buckelt eventuell beim Reiten. Gerade nach längerer Stehzeit lahmt es recht stark, wenn es aus der Box geführt wird. Nach 10–15 Minuten im Schritt verbessert sich das Laufbild. Diagnose des Tierarztes: Arthrose.

Alle Gelenke des Pferdes können betroffen sein. Die Ursachen sind vielfältig, ebenso die Maßnahmen, die dem Pferd noch ein angenehmes Leben ermöglichen. Um die Beweglichkeit der Gelenke zu erhalten, muss auf angepasstes Training geachtet werden.

Bewegung – das A und O bei Arthrose

Durch die Bewegung wird die wichtige Synovia, die Gelenkflüssigkeit, in den Knorpel einmassiert und wird von ihr ernährt. Zudem ist sie ein Schmiermittel, das die Knorpel mit weniger Reibung gleiten lässt. Für mit Arthrose geplagte Pferde ist es wichtig, so viel als möglich Bewegung zu haben. Längere Stehzeiten in der Box gilt es, wenn möglich, zu vermeiden. Zudem müssen Überbelastung sowie eine Falschbelastung der betroffenen Gelenke vermieden werden.

Die Überlastung der Gelenke erfolgt nicht nur im Training. Die Gelenke werden ebenfalls überlastet, wenn das Pferd zu dick ist. Daher sollte nebst einem durchdachten Futterplan und Beschlag ebenfalls darauf geachtet werden, dass die Pferde nicht zu viele Kilos auf den Rippen haben.

Foto: Elaine Reichelt

Geraderichten

Ebenfalls wichtig ist es, dass das Pferd gerade gerichtet wird. Es muss in der Ausbildung lernen, „in sich gerade gerichtet“ zu laufen, auf gebogener sowie auf gerader Linie. Am besten wird ein Pferd auf gebogener Linie gerade gerichtet. Dazu werden Hufschlagfiguren wie Volte, Zirkel, Schlangenlinie sowie Seitengänge ins Training integriert.

Bei Arthrose fallen Seitengänge weitestgehend aus. Werden diese falsch ausgeführt, belastet das die Gelenke mehr und bedeutet keinen lindernden Effekt. Auf gebogenen Linien ist es im Prinzip das Gleiche. Laufen die Pferde nicht in sich gerade gerichtet oder liegen wie ein Motorradfahrer in der Kurve, wird jedes Gelenk im Pferdekörper, auch bei gesunden Pferden, unnötig belastet. Nicht nur die Gelenke werden fehlbelastet.

Das Pferd muss die Schiefe ausgleichen und läuft nicht gleichmäßig. Dadurch entstehen Verspannungen in der Muskulatur. Das Pferd belastet noch einseitiger, schont ein Teil der Gliedmaßen und Gelenke und andere Gelenke werden wiederum mehr belastet. Nicht nur die Beine sind davon betroffen. Durch die fehlende Balance und falsche Haltung können Fehlbelastungen in den anderen Gelenken entstehen. In der Halswirbelsäule, der Wirbelsäule oder dem Hüftgelenk werden immer häufiger Abnutzungserscheinungen festgestellt.

Muskulatur

Muskulatur stützt die gelenknahe Muskulatur und hilft somit dem Gelenk, es vor Überbelastung und mancher Fehlbelastung besser zu schützen. Nehmen wir als Beispiel die Halswirbelsäule. Sie verläuft fast s-förmig durch den Pferdehals. Dabei entsteht eine Schwachstelle. Vom 5. bis zum 7. Halswirbel verläuft die Halswirbelsäule konkav, also nach unten gewölbt. Läuft das Pferd in seiner natürlichen Haltung, wirkt hier schon die Schwerkraft, übt Kraft auf die Wirbel aus und „zieht“ diese nach unten. Hat das Pferd zu wenig Muskulatur, kann es der Schwerkraft nicht entgegenwirken. Verspannte Muskulatur durch „Hinter-dem-Zügel-Reiten“, falsche Aufrichtung oder die falsche Haltung des Kopfes, zum Beispiel auf der Kreislinie, verstärkt diesen Effekt noch.

Die Facettengelenke reiben aneinander und es kommt zu Abnutzungserscheinungen. Daher ist es wichtig, dass ein Pferd gerade gerichtet wird und genügend gleichmäßige Muskulatur aufbaut, damit das Arthroserisiko so gering als möglich gehalten wird. Eine gut ausgebildete Muskulatur beugt nicht nur Arthrose vor, sondern kann diese auch lindern. Durch die stützende Wirkung der Muskeln wird das Gelenk nicht so stark belastet und schmerzt weniger.

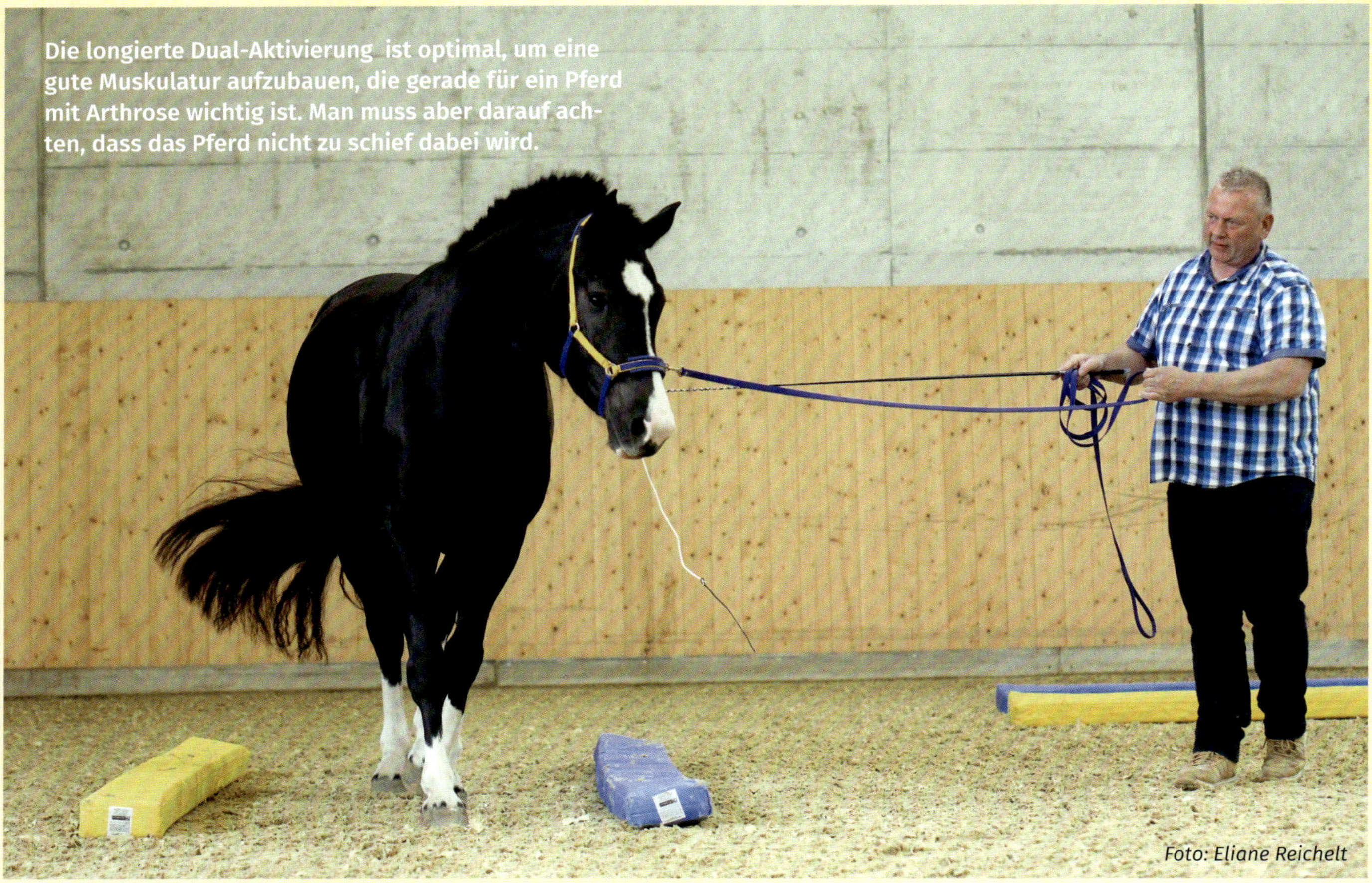

Die longierte Dual-Aktivierung ist optimal, um eine gute Muskulatur aufzubauen, die gerade für ein Pferd mit Arthrose wichtig ist. Man muss aber darauf achten, dass das Pferd nicht zu schief dabei wird.

Foto: Eliane Reichelt

Ist Longieren grundsätzlich schädlich für Pferde mit Arthrose?

Longieren auf einer Volte oder einem Zirkel ist immer eine Herausforderung für ein Pferd. Es muss seine Beine sortieren und in sich gerade auf gebogener Linie wie ein Zug auf Schienen laufen.

Grundsätzlich ist Longieren sehr gut für den Aufbau der Muskulatur, jedoch werden oft Fehler gemacht. Für ein junges oder nicht ausbalanciertes Pferd ist es nicht selbstverständlich, dass die Vorhand auf die Kreislinie eingestellt wird. Oft ist das Pferd überstellt und der Brustkorb läuft weiter geradeaus und nicht auf dem Hufschlag des Zirkels oder der Volte. Die andere Variante ist eine Außenstellung des Pferdes auf der gebogenen Linie. Das ganze Pferd wird noch schiefer, als es sowieso schon ist. Im Schritt schon schwierig genug.

Erhöht man das Tempo in den Trab oder Galopp, wirken Scher- und Zentrifugalkräfte auf die Gelenke ein, die diese noch mehr belasten.

Sanfte und sinnvolle Bewegung für Arthrosepferde

Equikinetic®

Ihr Pferd ist unausbalanciert und benötigt gleichmäßige Muskulatur? Abhilfe kann hier die Equikinetic® schaffen. Die Dual-Gassen® begrenzen den Laufweg und der Mensch kann besser für die korrekte Haltung des Pferdes sorgen. Das Pferd wird in den Gassen gerade gerichtet und baut gleichmäßig Muskulatur auf. Speziell für Pferde, die von Arthrosen geplagt sind, ist der Schritt die Gangart der Wahl. Ein weitverbreiteter Irrtum ist es, die Gangart Schritt würde zu wenig Muskulatur aufbauen. Durch den Viertakt im fleißigen Schritt ist jeder Muskel im Pferd aktiv und wird gefordert. Zudem kann das Pferd das Gleichgewicht und die Balance besser halten und somit ist Schritt die gelenkschonendste Gangart.

Wichtig!
Achten Sie individuell auf die Tagesform Ihres Pferdes.
An manchen Tagen schmerzen die Gelenke mehr.
Halten Sie das Training eventuell kürzer.

Sehr viele Pferde, die an Arthrose leiden, haben durch das Training mit der Equikinetic® schon eine deutliche Schmerzerleichterung erfahren. Nur „geradeaus laufen“ baut kaum Muskulatur auf. Schon durch leichte Hankenbeugung und Biegung in der Quadratvolte wird die Muskulatur gefordert und kann sich aufbauen. Equikinetic® kann dem Pferd helfen, alte und falsche Bewegungsmuster abzutrainieren. Dadurch, dass die Gelenke nicht mehr fehlbelastet werden, kann das Krankheitsbild der Arthrose deutlich verbessert werden. Gerade bei Pferden mit Arthrose sollte unbedingt auf die Tagesform geachtet werden. Es gibt Tage, da zwickt es mehr, an anderen Tagen geht es gut. Die verbesserte Durchblutung hat eine positive Veränderung des gesamten Organismus zur Folge und kann zur Milderung der Arthrose ebenfalls von äußerst wichtiger Bedeutung sein.

Das benötigen Sie für die Equikinetic®:

- 8 Dual-Gassen®
- einen Kappzaum und eine kurze Longe
- eventuell eine Gerte
- Intervalltimer

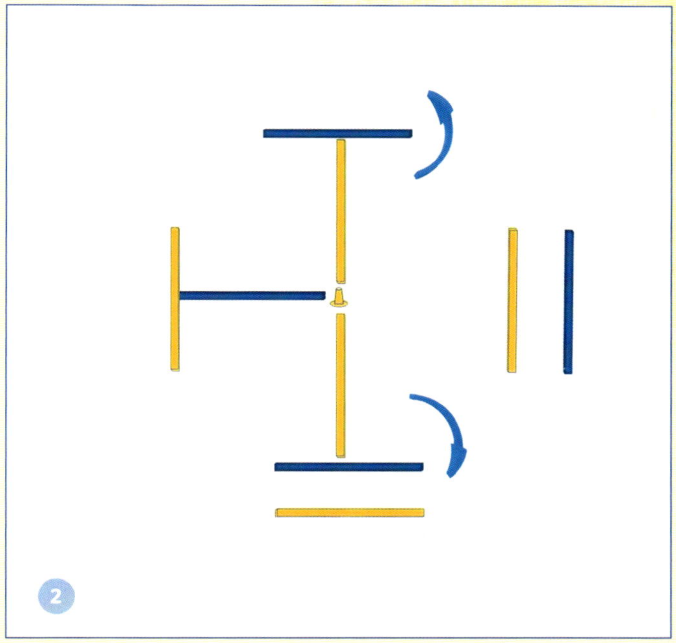

Grafiken: Alexandra Schmid

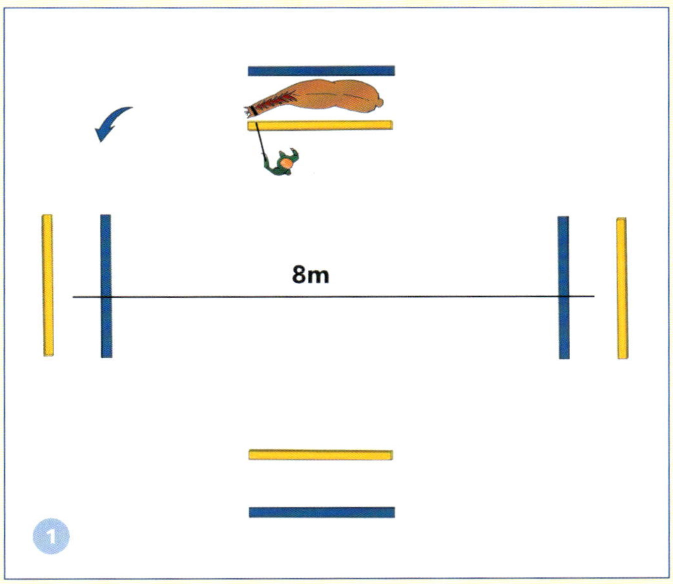

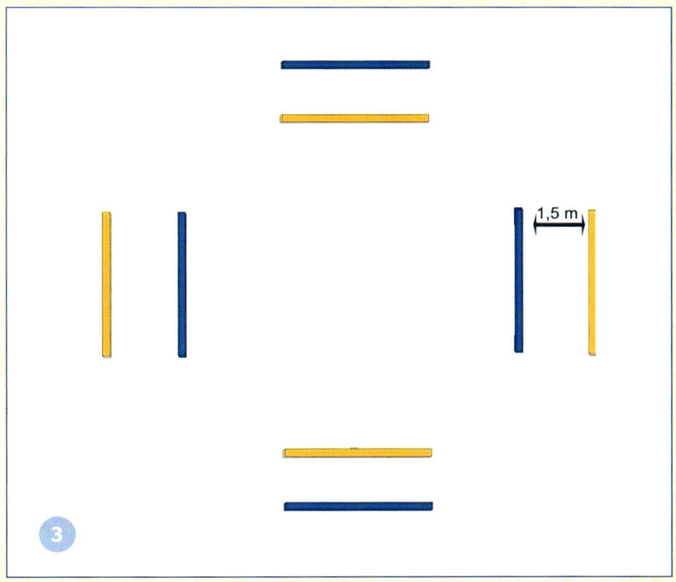

Legen Sie eine Quadratvolte, die einen Durchmesser von Hufschlag zu Hufschlag von 8 Metern hat (Abb. 1). Zum Aufbau stellt man eine Pylone in die Mitte und legt die Gassen als Kreuz um die Pylone (Abb. 2). Am Ende jeder Dual-Gasse® legt man einen Balken quer. Nun nimmt man den jeweiligen Schaumstoffbalken aus dem Kreuz und legt ihn im Abstand von 80 Zentimetern bis 1,5 Metern parallel zu dem Balken, den man quer gelegt hat (Abb. 3).

Die Position während des Führens ist auf der Schulterhöhe des Pferdes. Die Beine des Menschen sind auf der Höhe der Vorderbeine der Pferde, und der Körper ist, leicht schräg, dem Pferd zugewandt. Der Abstand zum Pferd ist individuell. Longiert man linke Hand, führt die linke Hand die Longe und die rechte Hand hält den Longenrest sowie die Gerte. Es wird in angepasster Dauerinnenstellung und Biegung im Intervalltraining longiert, das heißt abwechselnd zwischen Pausen und Arbeitsphasen.

Das Programm startet mit 8-mal einer Runde Arbeitsphase, die jeweils eine Minute dauert. Anfangs werden 60 Sekunden auf einer Hand longiert, danach folgt eine Pause von 30–45 Sekunden. In dieser Pause soll das Pferd im Schritt ohne Stellung und Biegung und nicht in den Gassen laufen oder außerhalb der Quadratvolte abgestellt werden.

Nach der Pause wechseln Sie die Hand und beginnen die nächste Arbeitsphase. Gesteigert wird bis zu 12 Arbeitseinheiten. In welcher Zeit man in die nächsten Stufen wechselt, hängt individuell vom Pferd ab.

Zusätzlich können Sie die Trainingsanforderung erhöhen, indem Sie zwei gegenüberliegende „Quergassen" in die freien Ecken legen, über die das Pferd treten muss. Bei vermehrten Anzeichen der Überforderung beenden Sie das Training.

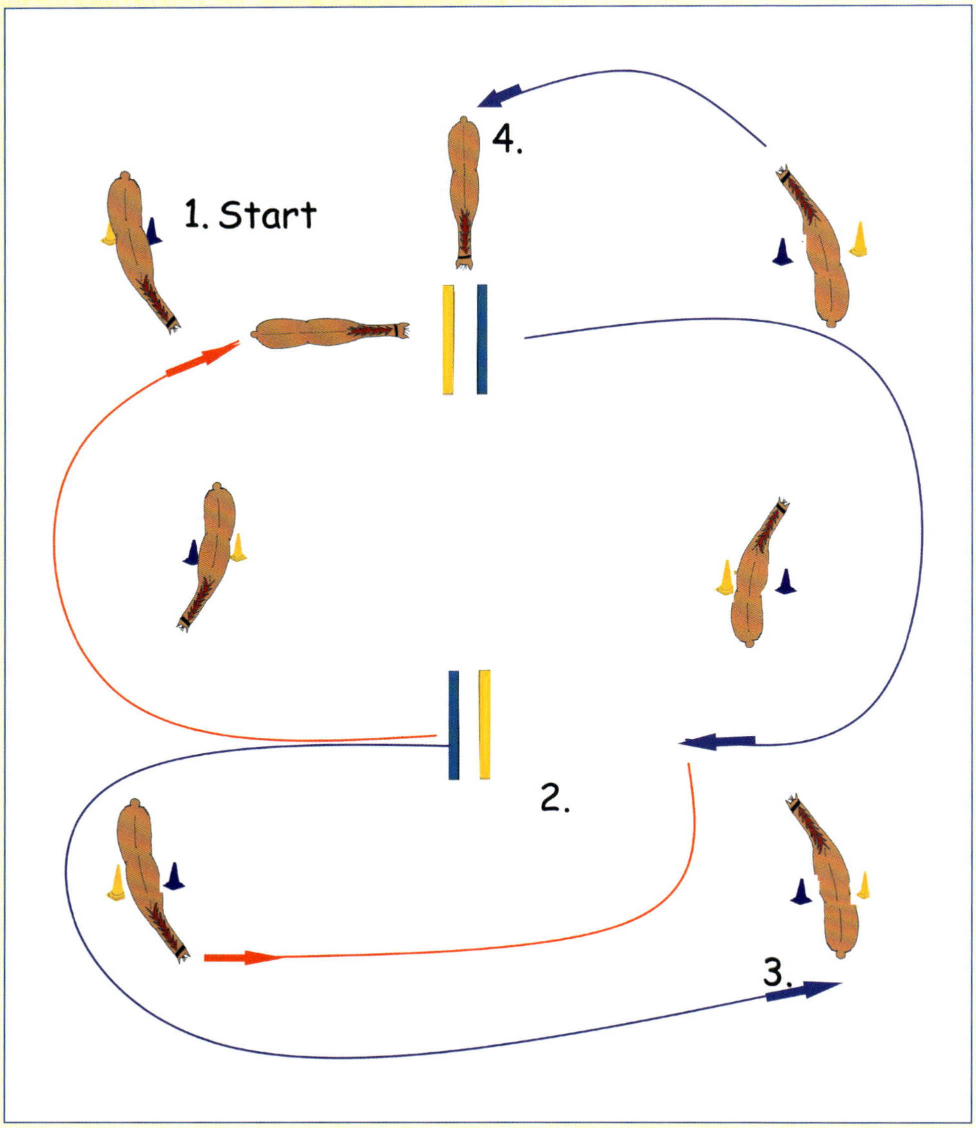

Zeitsystem:

Bei der Dual-Aktivierung®, geritten, longiert, beim Longe-Walking® oder bei der EquiClassic-Work® gilt das Zeitsystem: maximal 6 Einheiten à 3 Minuten, mit jeweils 1 Minute Pause.

Bei der Equikinetic® maximal 12 Einheiten à 1 Minute, mit 30–45 Sekunden Pause.

Grafik: Alexandra Schmid

Diesen Parcours können Sie reiten oder mit dem Longe-Walking (ähnlich Fahren vom Boden aus) absolvieren.

1. Starten Sie an der langen Seite im Pylonenslalom auf die einfache Schlangenlinie.
2. Biegen Sie auf die Schlangenlinie über die quer am Boden liegenden Dual-Gassen® ab. Danach folgen die Bögen über die Gassen von der anderen Hand.
3. Wieder die einfache Schlangenlinie an der Bande entlang.
4. Am Schluss wechseln Sie der Länge nach durch die Bahn auf die andere Hand.

Durch die gebogenen Linien bleiben die Gelenke geschmeidig und die Pferde bauen Muskulatur auf.

Die Walk-Over-Hindernisse sorgen dafür, dass Pferde die Beine anheben müssen. Die Schaumstoffbalken mindern die Verletzungsgefahr.

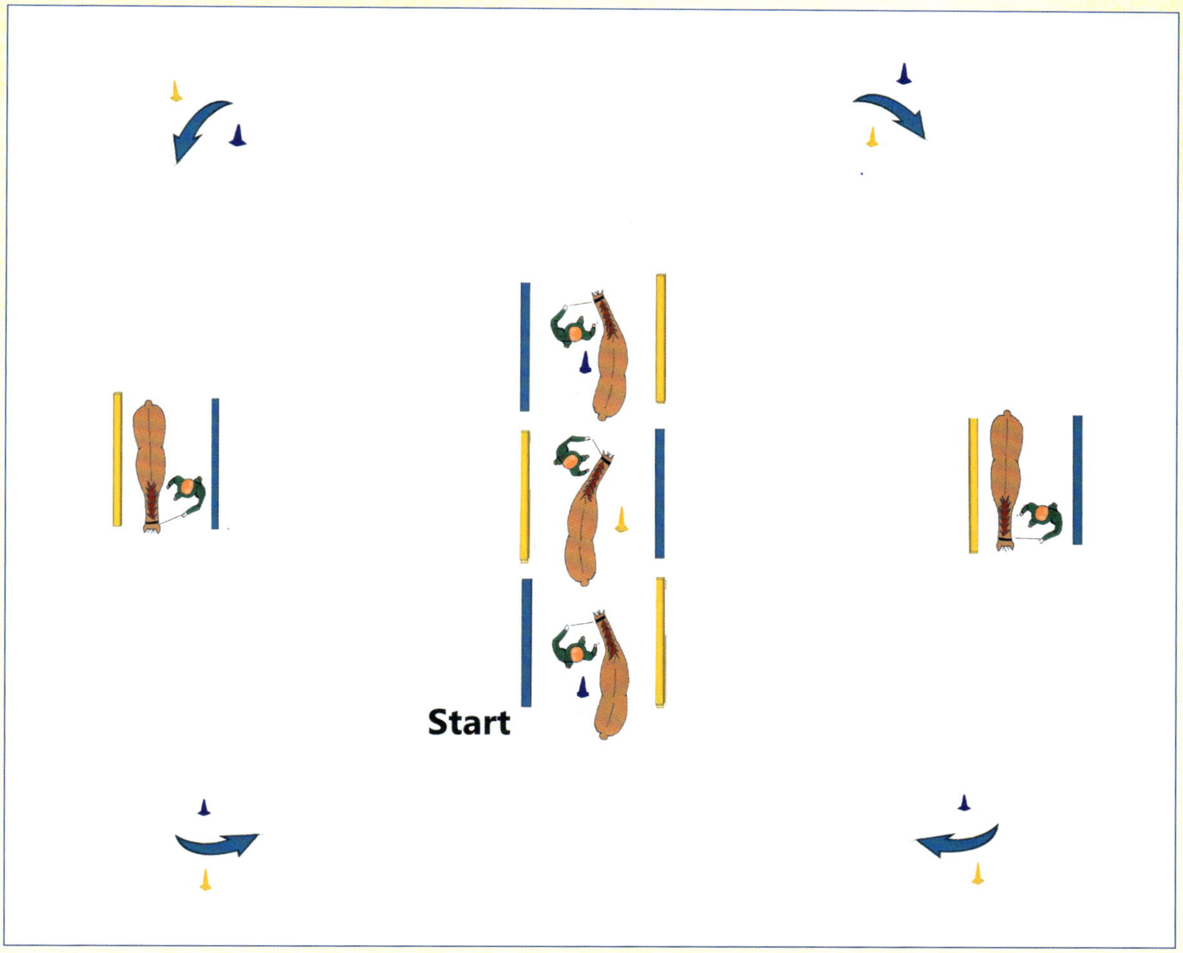

Grafik: Alexandra Schmid

EquiClassic-Work®

Mit der EquiClassic-Work® können Sie Ihr Pferd schonend gymnastizieren. Sie ist in der blau-gelben Trainingswelt das Basisprogramm für die Arbeit an der Hand. Dabei benutzen Sie keine Walk-Over-Hindernisse, weil diese eine Stolperfalle für Sie sein können. Bauen Sie sich drei Gassenreihen nacheinander auf. Jeweils in die Mitte einer Gasse stellen Sie eine Pylone auf. Im Abstand von circa 8 Metern zu diesen Gassen bauen Sie sich je links und rechts davon noch eine Gasse auf.

Führen Sie Ihr Pferd zunächst auf der linken Seite durch den Pylonenslalom. Achten Sie darauf, dass es sich locker im Genick stellt und mit der Biegung hinterherkommt.

Danach biegen Sie auf die linke Hand ab und führen Ihr Pferd durch die seitlichen Gassen.

Sie biegen wieder in den Pylonenslalom ein, danach biegen Sie auf die rechte Hand ab, führen aber immer noch links. Nach 3 Minuten wechseln Sie die Führseite auf rechts und wiederholen den Parcours.

Alexandra Schmid entdeckte 2005 die Dual-Aktivierung® und war 2007 eine der Ersten, die von Michael Geitner als Ausbilderin zertifiziert wurden. Seit 2008 arbeitet sie aktiv in der Trainer-Aus- und -Weiterbildung von Michael Geitner mit. Bei der Entwicklung der Equikinetic war Alexandra Schmid eine Frau der ersten Stunde und hat die Erfolgsmethode maßgeblich geprägt. Die Mitautorin der des „Be-Strict Kit" und des Buches „Equikinetic" ist in der Blau-gelben Welt zu Hause.
www.pferdetraining-allgaeu.de

Buchempfehlungen

Arthrose

Therapiekonzepte für Pferde

Renate und Peter Ettl klären über Arthrose und ihre Therapiekonzepte in diesem Ratgeber auf. Dabei geht es darum, was Arthrose ist, um die verschiedenen Formen, woher sie kommen kann, von Fütterungsfehlern bis Vererblichkeit und Zuchtauswahl, was die Symptome sind und wie Arthrose diagnostiziert wird. Die Autoren gehen dabei auch auf die Diagnoseverfahren ein, wie Röntgen, MRT und CT, Ultraschall, Gelenkspiegelung bis zur Leitungsanästhesie. Hierzu gibt es Röntgenaufnahmen, die zeigen, wie zum Beispiel ein Gelenk mit weit fortgeschrittener Arthrose und wie Kissing Spines aussehen, mit Anatomieerklärungen. Wichtigster Punkt für die Pferdebesitzer: welche Behandlungskonzepte es gibt. Auf 30 Seiten wird über die konventionellen, physiotherapeutischen, naturheilkundlichen Behandlungsmethoden informiert und auch die Begleitmaßnahmen wie orthopädischer Hufbeschlag, Fütterung und manualtherapeutische Behandlungen. Im darauffolgenden Kapitel kommt man zum Therapieverlauf und der Prognose. Im Fazit gehen die Autoren auf vorbeugende Maßnahmen ein, und im Serviceteil gibt es Hinweise zur Dosierung und Verabreichung in der Homöopathie und der Phytotherapie.

Fazit: Renate und Peter Ettl haben ein interessantes und gut lesbares, faktenbezogenes Werk geschaffen, das für jeden Pferdebesitzer ein wertvoller Ratgeber sein kann. Sie zeigen vor allem im Behandlungsteil auf, welche Möglichkeiten es gibt, von Entzündungshemmern bis zu alternativen Methoden wie Magnetfeld, Lasertherapie, Kinesiotaping, Phytotherapie, Homöopathie, Akupunktur, Blutegeltherapie und Ergänzungsfuttermittel. Gerade hier wird der Leser abgeholt. Es gibt kaum einen Ratgeber, der das Erkrankungsbild Arthrose inklusive der Behandlung und des Managements so schön transparent macht und den Pferdebesitzer über alle Eventualitäten aufklärt. Sehr empfehlenswert!

Arthrose
Therapiekonzepte für Pferde
Renate Ettl/Peter Ettl
92 Seiten, Silver Horse Edition
ISBN: 978-3-93703-751-6
€ 19,80 (D)

Horse Brain – Human Brain

Erkenntnisse aus der Neurowissenschaft – Wie Pferd & Mensch denken, fühlen, handeln

Janet L. Jones erklärt in ihrem Buch, wie das Gehirn von Pferd und Mensch funktioniert und wie der Mensch dieses Wissen nutzen kann, um die Beziehung zwischen Pferd und Mensch zu verbessern. Das Buch ist in fünf Teile gegliedert. Im ersten Teil beschreibt die Autorin, wie die Gehirne von Pferd und Mensch arbeiten. Im zweiten Teil, wie wir optische, akustische, geruchliche, geschmackliche und taktile Signale wahrnehmen. Im dritten Teil, wie Pferde lernen, Probleme lösen und sich erinnern. Im vierten Teil, wie wir die Aufmerksamkeit des Pferdes erringen und seine Emotionen kontrollieren, bevor wir ihm etwas beibringen können. Dabei geht es um Angst, Unsicherheit, Vertrauen und wie Pferde etwas interpretieren. Und im fünften Teil geht es darum, wie wahre Pferdemenschen die Bedürfnisse des Pferdes über alles stellen. Das Buch soll helfen, Pferde besser zu verstehen und somit die Bindung und das Vertrauen zwischen Pferd und Mensch zu stärken.

Fazit: Janet L. Jones informiert über die Gehirnentwicklung von Pferd und Mensch und wie die unterschiedlichen Denkweisen sich zum Vorteil für beide entwickeln können. Sie erklärt, wie Pferde untereinander kommunizieren. Schon wie Janet L. Jones die Sehstärke und das Gesichtsfeld erklärt, macht deutlich, warum Pferde Angst haben. Sie beschreibt prägnant, wie Hindernisse oder Bodenarbeit aus der Sicht des Pferdes gesehen werden und wie Gefahren erkannt und Abstände eingeschätzt werden. Um diese Eindrücke nachvollziehbar zu machen, werden die Erkenntnisse mit Fallbeispielen unterlegt. Das Buch darf in keinem Pferdebücherregal fehlen. Sehr empfehlenswert!

Janet L. Jones
Horse Brain – Human Brain
336 Seiten, Klappenbroschur, S/W-llustrationen
ISBN: 978-3-440-17279-7
€ 34,00 (D)

Harrys Welt

Es muss uns beiden Spaß machen

Ich bin gern mit meinem Menschen zusammen. Wenn er sich manchmal an den Rand der Weide setzt und mir zuschaut, bin ich hin- und hergerissen. Herde oder mein Mensch? Das ist von meiner Stimmung abhängig. Am schönsten ist es aber, wenn wir beide allein sind. Dann weiß ich genau, dass mir mein Mensch zugewandt ist, und wir können entspannt unsere Gedanken austauschen. Mein Mensch redet nicht viel mit mir, muss er auch nicht. Wir kommunizieren über unsere Gedanken. Er spürt genau, wenn es mir mal nicht so gut geht. Wenn er schlechte Laue hat, trete ich ihm „versehentlich" auf den Fuß, nicht zu doll, aber er weiß dann, dass er seine Gedanken mehr auf mich konzentrieren sollte.

Meine armen Nachbarn, die werden von den jungen Mädchen vollgequatscht oder sie tratschen untereinander, während sie das Pferd putzen. Nichts von „Zugewandtheit". Dabei entgeht ihnen so viel Energie, die wir Pferde ausstrahlen können. Nur wer uns aufrichtig seine Seele öffnet, kann uns verstehen und die Energie aufnehmen.

Am schönsten ist es, wenn mein Mensch und ich allein ausreiten. Dann sind wir eine Einheit. Ich darf dann und wann am Wegesrand ein paar Kräuter naschen, manchmal machen wir auch ein paar gymnastische Übungen am Wegesrand. Wir reiten dann Schlangenlinien oder etwas Schulterherein, manchmal piaffieren wir etwas. (Ja, das kann ich auch!) Mein Mensch sagt immer: „Harry, es muss uns beiden Spaß machen!"

Wenn ich merke, dass seine Gedanken abschweifen und nicht mehr bei mir sind, stolpere ich kurz, dann ist er wieder bei mir. Das ist sehr wichtig, denn wenn ich mal erschrecke, weil ich meine, der Wolf wäre hinter mir her, oder ich eine große Schlange im Gebüsch vermute (man kann nicht vorsichtig genug sein), muss er darauf vorbereitet sein. Ich kann es gar nicht gebrauchen, wenn er dann auch noch von meinem Rücken fällt.

Neulich haben wir eine Reiterin getroffen, die auf ihrem Pferd offenbar stundenlang mit ihrem Handy telefoniert hat. Ich war sprachlos. Erstens ist das aus den oben genannten Gründen gefährlich und zweitens, wie soll sie „beim Pferd" sein, wenn sie fortdauernd und lautstark telefoniert?

Ob sie wusste, was ihr an Reiterlebnis entgeht? Das Pferd trottelte mit gelangweiltem Blick vor sich hin. Am Wegesrand mal ein paar Gräser naschen durfte es auch nicht. Wenn das für mich die große Abwechslung wäre, würde ich lieber im Stall oder auf der Weide bei meinen Kollegen bleiben. Vielleicht wäre unsere telefonierende Reiterin mit einem Schaukelpferd besser bedient.

Aber bei mir läuft das anders. Mein Mensch gibt mir durch seine Zugewandtheit große Sicherheit. Ich weiß, dass er sich um mich kümmert, mich liebt und immer das Beste für mich will (auch wenn er manchmal aus Unwissenheit das Falsche tut). Dafür gebe ich ihm durch meine Energie und Geduld innere Ruhe und Entspannung. Ich mache auch manchmal Dinge, die ich nicht so gerne mag, nur um ihm eine Freude zu machen.

Wenn wir dann nach dem Ausreiten wieder zur Weide gehen, stehe ich noch ganz lange am Gatter und schaue ihm nach. Wäre doch schön, wenn er mit auf die Weide käme. Aber ich weiß, Gras schmeckt ihm nicht so gut!

Euer Harry

Wer Fragen, Anliegen oder Wünsche hat, kann mir unter harry@naturalhorse.de eine Mail schreiben.

Kolumne

Ihr Geschenkelein kommet, oh kommet doch all ...

... für alle, die Achtsamkeit mit ihren Pferden leben. Wir wollen uns auch dieses Jahr wieder bei allen Lesern für ihre Treue und ihr Interesse an den Themen, die in Natural Horse erscheinen, bedanken! Wie jedes Jahr warten Gewinne auf neue Besitzer:

1. Preis

Balancio Spezial Edition Natural Horse Kappzaum von Arien Aguilar

Arien Aguilar hat mit seinem Team einen Kappzaum speziell für die Natural Horse entworfen. Der Kappzaum ist ein Unikat mit Messingschnallen in der Größe M und ist ein Multifunktionszaum für die Arbeit am Boden, an der Longe oder auch die akademische Handarbeit gedacht. Durch die kleinen Ringe ist eine feine Signalgebung gegeben und durch die spezielle Passform und die Anpassungsmöglichkeit bleiben sowohl Kiefergelenk als auch Augen frei von Kontakt mit den Metallschnallen.

2. Preis

2 x Velvet Naturseifen + 1 x Velvet Magnesiumgel mit MSM und Rosmarin

Die Velvet Frische Bar und die Kräuter Bar sind Reinigungs- und Pflegeprodukte, die Mähne und Fell des Pferdes sanft und feuchtigkeitsspendend reinigen und erfrischen. Sie kräftigen Haut und Haar, lindern Juckreiz, fördern die Durchblutung und sorgen für gesundes Haarwachstum. Das Magnesiumgel mit MSM und Rosmarin bietet Entspannung und Regeneration für Muskeln und Gelenke. Alle Produkte bestehen aus hochwertigen pflanzlichen Wirkstoffen und Kräutern. Sie sind handgemacht und sehr reichhaltig. Das Besondere: Sie sind der Tierhaut ph-neutral angepasst.

Nähere Informationen zu den Produkten unter www.animalandhealth.com

3. Preis

Weihnachtskekse von Okapi

Gesunde Leckerlis für Pferde in einer attraktiven Geschenkbox.

Nähere Informationen auf www.okapi-online.de

Fotos: Galope GmbH, www.animalandhealth.com, www.okapi-online.de, Shutterstock/lenajuja, winyuu

4. Preis

Ein **Jahresabo Natural Horse** ab Ausgabe 01/2023

5. Preis

1 x Sonderausgabe Natural Horse Spezial – Alternative Heilmethoden

+ 1 x Sonderausgabe Natural Horse Spezial – Gebissfrei reiten

+ 1 x Sonderausgabe Natural Horse Spezial – Pferdesenioren

6. Preis

Eine Welt voller Pferde
Bildband von Christiane Slawik

7.– 10. Preis

Bücher aus der Natural Horse Serie des Crystal Verlags

Nähere Informationen auf www.crystal-verlag.com

Wir bedanken uns ganz herzlich bei Arien Aguilar, Animal and Health und Okapi für die Zurverfügungstellung der Preise.

Wer einen dieser Preise gewinnen will, sendet bitte eine E-Mail mit dem Kennwort „Weihnachtsverlosung 2022“ an **info@naturalhorse.de** (mit Namen, Adresse, E-Mail und Telefonnummer sowie der Einverständniserklärung zur Datenweitergabe) oder schickt den unten stehenden Coupon ausgefüllt an folgende Adresse (**Einsendeschluss** ist der **8. Dezember 2022** – Poststempel oder E-Mail):

Crystal Verlag GmbH
Friedrichsruher Weg 33
D-21465 Wentorf bei Hamburg

Weihnachtsverlosung 2022 – Natural Horse

Ja, ich möchte an der Weihnachtsverlosung teilnehmen und einen der Preise gewinnen.

Name:

Adresse:

E-Mail:

Ja, ich möchte den kostenlosen Newsletter erhalten.

Hiermit erkläre ich mich bereit, dass meine Daten für Werbeaktionen im Rahmen der Verlosung auch im Internet (Social-Media-Kanäle) erscheinen.

Impressum

Natural Horse
Über den achtsamen Umgang mit Pferden
Friedrichsruher Weg 33
D-21465 Wentorf bei Hamburg
info@naturalhorse.de

erscheint in der Crystal Verlag GmbH
Friedrichsruher Weg 33
D-21465 Wentorf
Tel.: +49 (0) 40 710 015 68
info@crystal-verlag.com

Herausgeber
Hans J. Schmidtke

Chefredaktion
Martina Kiss

Autoren dieser Ausgabe
Arien Aguilar, Susan Bär, Kirsten Fleiser, Dr. Christina Fritz, Martina Kiss, Alexandra Rieger, Silja Schießwohl, Jochen Schleese, Alexandra Schmid

Layout und Grafik
Eva Lakas Dipl. Des. (FH) | Berlin

Covermodels
Mavero (Quarter Horse) und Charly (Araber)

Coverfoto
Christiane Slawik, www.slawik.com

Pressevertrieb
UMS Pressevertrieb Limited, 51545 Waldbröl

Abonnements
Natural Horse Leserservice
PressUp GmbH
Postfach 70 13 11
22013 Hamburg
Tel.: +49 (0)40 38 6666-317
Fax: +49 (0)40 38 6666-299
abo@naturalhorse.de

Einzelhefte
Crystal Verlag GmbH
Friedrichsruher Weg 33
D-21465 Wentorf
info@naturalhorse.de

Medienberatung
Kirsten Fleiser
Crystal Verlag GmbH
Friedrichsruher Weg 33
D-21465 Wentorf
media@crystal-verlag.com

Druck
Grafisches Centrum Cuno, Calbe

Natural Horse
natural_horse_pferdemagazin
Natural Horse

www.naturalhorse.de